ZHENGZHOU
JINGJI SHEHUI FAZHAN
WENTI YANJIU

郑州经济社会发展问题研究（2017）

赵思群 主编

郑州大学出版社
郑州

图书在版编目(CIP)数据

郑州经济社会发展问题研究.2017/赵思群主编.—郑州:郑州大学出版社,2019.3
ISBN 978-7-5645-6029-4

Ⅰ.①郑… Ⅱ.①赵… Ⅲ.①区域经济发展-研究-郑州-2017
②社会发展-研究-郑州-2017 Ⅳ.①F127.611

中国版本图书馆 CIP 数据核字(2019)第 011383 号

郑州大学出版社出版发行
郑州市大学路 40 号　　　　　　　　　邮政编码:450052
出版人:张功员　　　　　　　　　　　 发行部电话:0371-66966070
全国新华书店经销
郑州市诚丰印刷有限公司印制
开本:787 mm×1 092 mm　1/16
印张:9.5
字数:230 千字
版次:2019 年 3 月第 1 版　　　　　　 印次:2019 年 3 月第 1 次印刷

书号:ISBN 978-7-5645-6029-4　　　　 定价:32.00 元

本书如有印装质量问题,由本社负责调换

编委会名单

主　任　赵思群

主　编　赵思群

副主编　许颖杰　余晓梦　杨发聚

编　委（以姓氏笔画为序）
　　　　　马　飞　王玉亭　许颖杰　陈栋力
　　　　　姚学勤　宫银峰　秦贤卿　梁晓冬

前言

调查研究是马克思主义认识论的具体实践,是我们党的优良传统和基本工作方法,是科学决策、推进经济社会发展的重要法宝。为推进郑州国家中心城市建设,我们组织省会社科理论工作者围绕经济社会发展各个领域中的重大问题开展了大量的调查研究,推出了一批有分量、有深度、有说服力的优秀社科调研成果。为推进社科成果转换,我们将这些成果汇集出版,以供郑州市委、市政府以及市直部门决策参考和社科理论工作者交流学习。

《郑州经济社会发展问题研究(2017)》是郑州市社科理论工作者联系实际、在深入研究和探讨郑州经济社会发展的理论与实践过程中凝练出的社会科学优秀成果的代表作,对经济社会发展中的一些重大问题进行了全局性、创新性和前瞻性、战略性的调查研究与探讨,深入分析了郑州市经济、社会、文化、环境、城建、生态、教育等领域各种现状与问题,提出了符合实际、能够有效解决问题的思路途径、措施办法或对策建议,具有很强的针对性和可操作性。

《郑州经济社会发展问题研究(2017)》的面世,是郑州市社科联贯彻落实习近平总书记在哲学社会科学工作座谈会重要讲话精神的重大举措,是加快构建中国特色哲学社会科学、鼓励发展社会科学研究事业、把社会科学优秀成果作为党政决策的"思想库""智囊团"和"科学依据"的特别体现。郑州市社会科学学会联合会凝聚社会各方面智慧和力量,推广发挥社会科学优秀成果在经济社会发展中的重要作用,使社会科学优秀成果能够更广、更大、更长久地转化为社会生产力,为郑州建设国家中心城市提供理论服务和智力支撑。

目 录

01 创新郑州市中小企业公共服务体系研究 …………………………… 高晓雷 001
02 加强郑州市投资软环境建设 …………………………………………… 邹 赟 009
03 空港经济圈临空产业集聚效应与差异化发展路径选择
　　——兼论郑州空港外向融合度的提升 ……………………………… 陈 钧 017
04 提升郑州城镇土地利用效率的思考 …………………………………… 张红星 024
05 郑州创新驱动发展问题研究 …………………………………………… 卞雅莉 032
06 关于加快供给侧结构性改革　推动郑州经济提质增效的思考与建议
　　………………………………………………………………………… 王丰艳 036
07 郑州航空港跨境电子商务SWOT分析 ………………………………… 高亚瑞 041
08 郑州航空港区生态文明建设问题研究 ………………………………… 邹晓燕 046
09 郑州会展业与旅游业互动途径研究 …………………………………… 王淑兰 053
10 郑州探索建设国家自主创新实验区研究 ……………………………………… 058
11 郑州市产业技术创新能力提升对策研究 ……………………………… 李绍元 063
12 郑州市民间投资的现状及建议 ………………………………………… 郭 岭 068
13 郑州市新能源产业发展路径研究 ……………………………………… 卞雅莉 072
14 中牟借力郑州航空港经济综合实验区发展问题研究 ………………… 王春涛 081
15 郑州市社区音乐文化发展研究 ………………………………………… 孙梦洁 089
16 郑州历史文化名城的重大价值和地位分析 …………………………… 胡 燕 095
17 郑州市文化产业促进机制建设问题研究 ……………………………… 刘 涛 100
18 郑州市文化创意旅游产业发展问题研究 ……………………………… 杨 华 107
19 郑州市文化消费引导文化产业提升发展研究 ………………………… 马洁华 114
20 郑州特色文化城市建设对策研究 ……………………………………… 宋艳琴 120
21 建设郑州休闲旅游型"美丽乡村" …………………………………… 鲁艳蕊 126
22 加快推进郑州市老龄产业发展的思考 ………………………………… 一叶秋 133
23 郑州市雾霾天气防治法律机制研究 …………………………………… 陈 坤 138

01

创新郑州市中小企业公共服务体系研究

河南财政税务高等专科学校　高晓雷

中小企业是国民经济的重要组成部分,加快中小企业发展,是加快转变经济发展方式、调整优化经济结构的迫切要求,是培育和发展战略性新兴产业的重要载体,是提高经济效益、增加财政收入、发展民营经济的重要举措,是扩大社会就业、提高居民收入的重要途径。但是我们也要看到中小企业发展存在的困境:多数中小企业在发展初期,部门设置比较单一,结构不合理。随着成本不断上升,生产经营压力加大,企业在国内外的市场竞争力减弱,出现营销模式单一、产品局限性大、竞争无序等问题。高端人才更多地流向大城市、大中型企事业单位,导致中小企业缺少技术平台和技术团队支撑,技术来源多以直接引进为主,企业科技投入少,造成产品科技含量不高,产品更新换代较慢,再加上中小企业的技术装备较为落后、产品附加价值较低导致市场竞争力较弱。缺乏相关政策支持,抗风险能力比较弱,中小企业融资难。这些因素使得中小企业生存举步维艰。

因此,我们应该积极建立良好的公共服务体系解决中小企业发展难题,创造良好的发展环境,才能促进中小企业又好又快发展,从而推动我们经济社会安全有序地转型升级。

一、中小企业公共服务体系内涵及内容

1. 公共服务体系内涵

从公共管理学来讲,公共服务体系是指以政府为主导,以社会团体、私人机构等为补充的供给主体,旨在为公民及其组织提供基本保障的公共服务而建立的一系列有关服务内容、服务形式、服务机制、服务政策等制度安排。我国政府公共服务体系主要是由基础性、公共事业性、公益基础性以及公共安全性等四个方面的服务组成。其中基础性的民生服务包括就业和社会保障服务等;公共事业性服务主要涵盖了医疗、公共文化、教育等方面;公益性服务,主要由基础设施建设和环境保护等方面构成;公共安全服务则体现了其社会安全、消费安全和生产安全等属性。公共服务体系主要表现为政府主导、社会参与、体制创新。建立完善的公共服务体系,对社会和谐稳定,对企业健康发展、增强竞争力,对节约社会资源、提高服务效率等都具有重要意义。

2. 中小企业公共服务体系

2000年国家经贸委出台了《关于培育中小企业社会化服务体系若干问题的意见》,将中小企业服务体系定义为:以服务社会各类中小企业为宗旨,以营造良好的经营环境为目的,为中小企业的创立和发展提供多层次、多渠道、全方位的社会化服务网络。中小

企业公共服务体系的内容主要有两个：一是社会化服务组织，主要指在各级政府指导下为中小企业提供公益性、扶持性等综合服务的中小企业服务中心，以及有关协会、商会等；二是专业服务组织，是指依法设立的为企业提供各类专业服务的社会中介服务组织，主要指培训类、咨询类专业服务组织。专业服务组织按照市场化运作，在核准的业务范围内为中小企业提供社会化服务。

二、国外中小企业服务体系

美国是政府规制型服务体系的典型代表，美国没有中小企业的概念，只区分为大型企业和小型企业，所以美国的小型企业就类似于我国的中小企业。美国小型企业服务体系的发展经历了一个适应市场的过程。起初，美国政府通过制定法律和出台政策来扶持小企业，后来美联邦政府开始意识到所有的法律和政策都需要一个实实在在的社会载体，才能真正落实到服务小企业上。因此，小企业服务体系应运而生。

美国成立了以政府为主导，以联邦小企业管理局（SBA）为核心，以各民间组织的力量为广泛基础的各层级之间相互渗透，相互协调的专业化、市场化的服务体系。所以美国小企业服务体系的参与主体包括政府机构、半官方组织、公益性组织和民间机构等，形成了一个以政府为主导的多元化、多层次中小企业服务机构运作体系。代表政府相关部门的小企业管理局起着核心作用，它的主要职能是：向小企业提供贷款、技术管理、培训、信息支持，帮助小企业获得政府采购项目以及宣传与维权。其组织体系的设置分为三层次：第一层是华盛顿总部，它负责为小企业制定方针、政策和指导下属各级机构工作；第二层设在十大城市的区域办公室（地方局），负责指导各地方机构工作；第三层遍布全国各地方机构，直接向小企业提供支持。此外，美国政府还建立了贸易和开发署、小企业基金会等机构来配合小企业管理局工作。半官方机构，是由政府和民间合作组建，体现了可靠与灵活性的有效统一，在一些项目或领域既体现了政府的意图，又发挥了市场优势作用。民间机构和行业协会由民间自发组建或政府推动形成。它包括小企业的投资公司、技术推广中心、退休经理服务团、在职经理服务团、美国高校"小企业学院"等。

美国小企业服务体系的内容主要体现在四个方面：第一，法律支持。在服务小企业方面，美国制定了一系列法律法规来限制市场的垄断经营，确保公平的市场竞争秩序，维护小企业的合法权益，并为小企业从创立到发展壮大，提供了全方位的法律支撑和依据，营造了良好的政策环境，为小企业服务体系的发展完善奠定了法律基础。第二，金融服务。小企业管理局联合社会各界组织机构直接对小企业提供资金援助，其中小企业管理局的资金援助占了绝大部分，以担保人的身份促进银行面向小企业发放贷款，帮助小企业融资。采取风险投资方式，实现技术与资本的结合、企业家和奉献投资的结合，实现美国高科技成果的转化，对美国的市场经济产生了深刻的影响。利用资本市场以公开募集的方式筹资，美国联邦政府与美国进出口银行、纳斯达克合作形成了美国小企业融资体系，为小企业募集资金开辟市场、创造条件，鼓励小企业公开筹资。第三，技术服务。政府采取相关措施来促进小企业的创新，如筹措科研资金来帮助小企业进行技术开发、在国家主要实验室建立"研究和技术应用办公室"、成立"联邦技术利用中心"等机构为小企业提供信息、培训等，帮助小企业获得技术创新的能力。最具有影响力的措施是出台一系列的科研计划,促使小企业技术的提升,推动小企业技术服务机构的发展。如小企业创新研究计划(SBIR),这是一个全国性的技术创新活动,主要是为在技术创新方面极具潜力的小企业提供技术和资金的支持。又如小企业技术转移项目(SBTR)、先进技术发展计划(ATP)以及指导(mentor)网络等,分别从帮助技术转移、提供科研经费、网络服务等方面为小企业提供服务,确保有竞争优势的技术快速发展,提升小企业的竞争力,保证中小企业在市场的存活率。第四,信息服务。帮助小企业较全面地了解政府出台的政策信息、经济市场的信息、科学技术信息等,为小企业提供信息服务的主体包括了小企业管理局、商务部、各地科研机构、高校图书馆、市场组织及个人。这些机构通过各种途径为小企业做市场调研、收集市场信息、寻找进入市场的机会、关注进出口政策及国家的资金扶助政策、组织小企业参加展会、寻找贸易伙伴等,为中小企业提供咨询服务,帮助小企业解决从创办到发展过程中遇到的问题。还有很多社会志愿者组成的团体,免费向社会发放大量的信息资料诸如小册子、广告、录像等,小企业碰到问题可以随时来访咨询。

美国的小企业服务体系是非常完善的,几乎涉及小企业发展的方方面面。从创办前的准备工作到创办过程中可能遇到的各种问题再到后期的稳定发展和规模壮大。美国政府以保护市场竞争为原则,通过宏观调控,引导社会资源的流向,从而达到扶助小企业的目的。

三、广东省及江苏省中小企业服务体系构建及启示

东南沿海省市近年来无论经济发展的速度还是经济发展质量都远远领先中西部地区。这得益于东南沿海省市中小企业的快速高质量的转型发展。本文以广东省、江苏省为例,探讨分析它们在中小企业服务建设方面的情况,对我们做好中小企业公共服务体系建设无疑具有相当强的借鉴作用。

1. 广东省中小企业服务体系建设状况

作为一个中小企业工业大省,完善中小企业服务体系是促进中小企业加快转变发展方式和实现持续健康发展的重要措施,得到了广东省政府部门的高度重视。广东省中小企业服务体系是以服务中小微企业为目标,以现有的社会资源为依托,通过合理利用、优化配置和进一步开发,所形成的政府组织、指导和监督、社会参与、功能完善的多主体、多层次、多方位的社会化服务体系。

广东省中小企业服务体系既包括行政性质的主管部门(如广东省中小企业局、广东省民营经济发展服务局),也包括非官方性质的中介机构(事业性质的服务机构,如广东省中小企业服务中心),还包括社会组织及企业性质的专业服务机构(如行业协会、担保机构、大专院校、科研机构、律师事务所、会计公司、展览服务公司等)。

广东省中小企业服务体系主要内容体现在信息化服务、技术支持、融资担保、人员培训、市场拓展等方面。2004年以来,广东省中小企业服务中心主办开通了"广东省中小企业信息网",目前已在全省21个地级市、顺德区及67个县(区)中小综合服务机构建立了分网站。通过网站紧密结合中小企业对信息服务的需求,开通电子商务、融资服务、法律服务、网上培训、视频商务等专业服务,部分地区还结合当地特点,进一步拓宽网络服务内容,比如揭阳市中小企业服务中心整合经贸网、中小企业网以及五金网资源,通过几个

网络信息平台为中小企业打造了一个"展示企业、推介产品、交流信息、寻找商机"的"中小企业产品数据库及应用管理信息系统"。2010—2012年认定了三批中小企业(民营企业)公共(技术)服务平台,为产业集聚地区和园区提供技术支持。2008年以来,广东省中小企业服务中心与专业金融机构合作,在全省各地开展了一系列的上市融资辅导活动,并与南方产权交易中心合作成立了中小企业产权交易平台;珠海中小企业服务中心联合政府、银行、担保机构和企业组成独具特色的"四位一体"中小企业融资担保平台,在金融危机的影响下,中小企业综合服务机构以各种形式为中小企业提供多元化、多渠道的融资服务,帮助企业渡过难关。近年来,中小企业综合服务机构在全省范围内开展了大量不同行业、不同类型的企业培训活动,并获得了良好的社会效益和经济效益。中小企业综合服务机构致力于减少企业的服务成本,为企业提供便捷、高效的服务。仁化县中小企业服务中心为中小企业提供"一站式"服务,帮助、指导投资者办理申请立项、注册登记、申请建设用地和水电供应、用工手续和证件办理,并提供其他咨询、投诉等服务事项,深受企业好评。这些服务机构主要提供政策宣传、信息咨询、人员培训、市场拓展等公益性或非盈利性服务,占了中小企业综合服务机构工作内容的80%以上,这些服务工作有效地帮助中小企业突破了发展瓶颈,促进经济又好又快地发展。

2. 江苏省中小企业公共服务体系建设情况

江苏省中小企业服务体系建设经过不断探索、创新和完善,形成"12318"的全省服务体系总体构架,即:构建全省统一的中小企业社会化服务体系,公益性服务和商业性服务两翼共同推进,省、市、县(区)三级服务网络不断完善健全,建好各级中小企业发展(服务)中心,提供整合社会资源,提供创业、融资、培训、法援等八大特色服务。2007年,江苏省在试点推广中,各地的中小企业服务(发展)中心纷纷建立,全省中小企业服务中心、小企业创业基地、担保机构已实现"省市县三个全覆盖",走在全国前列。

江苏中小企业社会化服务体系中的服务主体包括政府扶持建立的中小企业服务机构,为中小企业提供服务的社会中介机构以及学会、协会等行业机构,它们分别承担相应职能,共同促进中小企业发展。中小企业社会服务机构是指由政府设立或者参与、协助设立的专门为中小企业提供公共服务的机构,隶属于江苏省中小企业局。目前,江苏省7个地级市、36个县(市)成立了中小企业发展服务中心。同时积极培育会计、审计、税务、咨询和担保、典当、租赁、代理等各种专业性中介服务机构。积极培育行业组织,各级中小企业主管部门设立公益性服务机构,并会同财政供给正常经费的相关行业协会、学会、联合会等服务机构,根据政府既定的工作目标、扶持重点,提供中小企业需要而通过市场又无法满足的服务项目或公共产品,开展公益性服务。政府作为社会化服务体系的核心,对中介机构起推动作用。各类中介机构是服务的主要提供者,政策支持往往通过中介机构而发挥作用。各类服务机构的合理分工,是社会化服务体系正常运行的基础。

江苏省中小企业公共服务体系主要内容:融资服务,组织开展万企融资对接活动,引导金融机构加大对中小微企业的信贷支持;制定中小企业上市奖励办法,推动中小企业加快股份制改造,发挥小企业贷款风险补偿激励作用,省级财政对各银行给予5‰的风险补偿;在省级中小企业发展资金基础上,启动营运初期规模1亿元的中小企业发展基金;加大涉企收费清理力度,对小型微型企业三年内免征部分管理类、登记类和证照类行政事业性收费,切实减轻中小微企业负担,不断优化企业发展环境。着力帮助中小企业解决融资难、招工难、用地难等突出问题;信息技术支持,江苏省中小企业发展研究院,展拓"12318"社会化服务体系的内涵外延,支持有条件的地区中小企业服务中心延伸到重点乡镇(街道)和工业园区(集中区)着力提升服务中小企业水平。组织开展星级服务平台创建活动,建设和完善一批社会化服务机构,加快提档升级步伐。建设"数字企业"服务平台,建立数字企业体验区,认定百家省级"数字企业"示范企业;大力实施"百千万"电子商务应用计划,举办百场电子商务培训,扶持千家中小企业成为电子商务平台会员并开展电子商务活动,引导万家中小企业加入应用电子商务行列;继续开展信息化专家行咨询活动,加快推进中小企业两化融合。在新兴产业集聚区和工业园区,建设一批为中小企业提供研发设计、检验检测、新技术推广等服务的公共技术平台,着力扩大服务覆盖面和影响力。依托各级中小企业服务中心、民营企业大学和网络平台,组织开展各类培训,提高经营管理者和企业员工素质。组织实施"百园千企"推进活动,加快培育省级特色产业集群和中小企业产业集聚示范区,新增 5 个百亿产业集群。大力开展中小企业管理创新活动,设立"中小企业管理创新奖",组织实施中小微企业管理素质提升计划,引导中小微企业改变家族型管理模式,全面加强品质管理、基础管理、财务管理和现场管理等,进一步提高企业管理素质。

3. 广东、江苏中小企业公共服务体系启示

通过比较分析,广东、江苏中小企业公共服务体系建设的启示,可以归纳为以下 3 个方面。

(1)政府要发挥好主导作用。无论广东、江苏,都是政府在主导中小企业服务体系建设。

(2)建立健全政府、中介机构和行业组织相结合的多层次服务体系。在这些体系中,政府和中介机构、行业组织要明确分工,合理定位,防止政府不作为或者对行业、企业干预过多,乱作为。

(3)政府职能转变和政策支持。在广东、江苏中小企业公共服务体系建设过程中,都出现了政府职能的转变,如服务机构行政审批制度改革、推行一站式服务等,都有对中小企业财政税收政策的支持,都设立了中小企业发展基金、对中小企业贷款给予财政补贴等。

四、郑州市中小企业公共服务体系成效及存在的问题

近年来,随着中国经济发展,中小企业得到了迅速增长。原国家工商总局统计的数据显示,2007 年 6 月至 2012 年 6 月,注册资本(金)在 1 000 万元以下的中小企业成为增长主力,对企业总体数量增长贡献率达到 89.1%。2008 年受金融危机的影响,东南沿海相关产业开始向中西部转移,企业纷纷内迁。这一状况为郑州中小企业的发展提供了良好的转接机遇。

1. 郑州市中小企业公共服务体系建设状况

为了推动郑州市中小企业的发展,郑州市近年来也积极构建公共服务体系,积极为中小企业发展创造良好的环境。具体表现在以下几个方面。

(1) 逐步创造利于中小企业发展的宽松政策环境。2009年,郑州市政府印发了《关于建立全市中小企业信用担保体系的意见》《郑州市人民政府关于促进中小企业发展的意见》。2010年印发了《关于印发郑州市中小企业信用担保机构管理暂行办法的通知》。2011年,印发了《郑州市中小企业发展专项资金管理办法》。2012年,郑州市出台了《关于促进中小企业发展的意见》《关于支持小型和微型企业发展的意见》和《关于支持小型微型企业贷款融资的通知》。2013年,印发了《郑州市人民政府关于进一步促进小型微型企业健康发展的若干意见》《郑州市人民政府关于印发郑州市金融支持小微企业发展(暂行)办法的通知》《郑州市人民政府关于印发郑州市小微企业贷款风险补偿基金实施细则等3个实施细则的通知》《郑州市人民政府办公厅关于进一步支持中小微企业贷款融资的通知》《关于报送郑州市创投和股权投资拟投企业推荐名单的通知》,从财税扶持、缓解融资难、创新发展、开拓市场和服务保障等方面进一步加大了对中小企业的支持力度。

(2) 完善机构设置。专门成立中小企业局做好郑州中小企业的管理和服务工作。2011年成立郑州市促进中小企业发展工作领导小组,进一步加强对中小企业的服务和领导。同时,积极打造政府服务平台,建立郑州市中小企业信息网,2012年建设了中小企业信息服务网络平台,不断强化对中小企业的服务。积极打造中小企业产业集聚区,为企业发展创造良好的环境。

(3) 完善中小企业社会服务组织。由中小企业局牵头成立了郑州市中小企业担保协会,构建政府、担保公司、银行和企业四位一体的融资体系,破解企业融资难题。2013年,又成立了郑州市中小企业协会,切实做好中小企业的信息、咨询、协调类服务。

2. 郑州市中小企业服务体系存在的问题

从郑州市一部分中小企业发展中遇到融资难、企业发展技术含量不高、效益不好、特色不强等难题来看,郑州市中小企业公共服务体系在构建过程中还存在急需解决的问题。

(1) 服务体系不合理。在郑州市中小企业公共服务体系当中,政府牢牢占据主导地位,还未完全摆脱过去行政主导的思维模式,大包大揽,注重直接服务提供者的角色,而对于整合资源、搭建平台重视不足,导致一些综合服务不到位,社会参与度不高,专业服务做不好。比如对企业管理人员的培训、对中小企业人员的技能培训等,跟不上大多数中小企业发展需要。

(2) 中小企业的专业化服务能力发展滞后。从国际经验来看,中小企业服务体系包括一些专门从事中小企业服务的专业服务机构,如融资担保、中小企业投资机构(基金)、信用评级机构、动产抵押登记机构、经理服务团等。目前,郑州市中小企业服务体系中这一类专业服务机构还比较少,服务能力明显不足。特别是在郑州市中小企业公共服务体系中,缺乏专门的企业咨询培训类机构。

(3) 服务质量和需求严重错位。在郑州市中小企业发展中,劳动力成本上升、原材料价格上涨、税费负担过重和市场需求不足是影响当前生存和发展的四大主要外部因素,招工难留人难、融资难融资贵、市场竞争和转型升级压力加大是影响当前生产经营的4大突出问题。中小企业最希望得到信息咨询、投融资、人才与培训、技术和质量、市场拓展5类服务,政府服务机构、社会服务机构和企业间存在供需的不均衡。

另外,缺乏或者难以获得财政资金的扶持,人才不足与服务资源的缺乏等问题也严重制约社会服务机构的发展。这是制约服务机构发展的3个突出问题。

这些都表明,郑州市中小企业服务体系在建设过程中急需转变思路,采取有效对策才能在当前情况下推动郑州市中小企业顺利转型升级,形成大众创业万众创新的局面,激发社会活力,推动郑州市经济快速发展。

五、郑州市中小企业公共服务体系创新发展出路

中小企业支撑国家经济发展,关系民生社会事业,中小企业公共服务体系建设是促进中小企业发展成长的一项重要举措。国内外实践证明,中小企业发展除了主要靠自身努力外,外力同样非常重要。其中最大的外援力量来自于政府。推进中小企业公共服务体系建设,帮助和服务中小企业发展,既是政府转变自身职能的需要,也是政府履行经济职能的重要体现,这也将成为当今世界各国政府的共识和努力方向。

1. 在公共服务体系建立过程中要注意几个关系

(1)处理好整体性和个别性的关系。郑州市的中小企业千差万别,产权形式不同、所属行业不同、经营形式不同、所处发展阶段不同。中小企业服务体系建设是一项复杂的系统工程,必须从整体上统筹规划,同时要把握分类指导的原则,采取针对性措施。既要突出中小企业的共性特征,从整体的、战略的、全局的、长远的、公平的、普惠的视野进行全方位的规划,又要突出本土中小企业的个性特征,从局部的、个别的、当前的、紧迫的、急需的角度进行有针对性的突破。

(2)处理好政府主导性与企业主体性关系。中小企业差异比较大,在建立公共服务体系过程中,必须利用政府强大的社会信用和动员能力,必须借助市场这只"看不见的手"和政府这只"看得见的手"的合力。为此,中小企业公共服务体系建设,要坚持政府主导、社会化服务主体的原则,发挥政府的主导作用,通过政府引导、市场推动、各方参与,从而带动和引导服务中小企业的社会化进程,以满足中小企业不断发展的现实需要。在中小企业公共服务业体系的建设中,政府的主导作用与市场、社会机构的主体作用是相辅相成的、相互促进的,其中必须充分发挥社会的、市场的作用。历史经验教训反复证明,没有政府支持是万万不能的,但由政府大包大揽也不是万能的。在市场化过程中,政府要搭好台,关键还是企业来演。因此,要采取市场竞争机制,走市场化道路,吸引社会各界加入服务中小企业的行列,发挥公益性、商业性服务机构的作用,实现社会服务资源的优化配置。

(3)处理好大和小、强和弱的关系。中小企业具有成长快、风险大、死亡率高的特点。政府在构建公共服务体系中要积极将中小企业捏合到一起,形成大产业大集群,优势互补,形成规模、形成链条。同时,要对中小企业给予积极帮扶,及时开发式输血,引导企业做强做出特色,重视企业潜在市场、潜在活力和潜在效益,采取逐步淘汰或重新盘活的措施对症下药,实现经营困难中小企业蝶变式发展。

2. 创新举措

中小企业的生存发展关系到人民生活水平提高,关系到经济的转型升级,既是一个

经济问题也是一个政治问题。特别在当前经济新常态的情况,中小企业迫切需要政府建立健全公共服务体系。改进和加强中小企业公共服务体系建设,要从以下5个方面寻求对策和路径。

(1)转变政府职能。由"管理型"向"服务型"转变,将管理权限逐步从直接管理向间接管理转变,由微观管理向宏观管理转变,由以行政手段为主向以市场、法律手段为主行政手段为辅转变。要实施立足市场机制的中小企业政策,把中小企业看成维系自由竞争的重要因素,对其少干预、多支持,特别是帮助"自助者",只对中小企业的管理、资金、技术开发等提供指导和帮助,尽力减少对其经营管理的干预。

(2)加大政策支持力度。减少删减政府行政审批事项,精简办事流程,降低企业注册、运行成本。大力实行财政税收优惠政策,加强对企业专项资金的补贴,核实运行好营改增,降低企业负担。积极用政府购买手段来激发引导中小企业不断创新,从而做大做强。

(3)培育好中介服务机构。积极建立健全在各级政府主管部门的领导监督下的中小企业服务中心、中小企业信息网、中小企业协会、中小企业公共技术服务平台、创业孵化基地等中小企业社会化服务组织,厘清二者权限和工作职责。同时积极按照"政府支持中介,中介服务企业"原则,加大对中介服务机构的支持力度,积极发展企业诊断、咨询、审计、资产评估、律师、专利代理服务等社会中介服务机构。完善执业标准和监督机制,规范中介服务行为,维护中介服务秩序。按照市场化原则,规范和发展行业协会、商会等自律性组织,充分发挥其服务会员、行业自律、协调和监督等作用;打破部门、所有制界限,整合优化行业协会、商会,为中小企业提供良好的服务,不断提高中小企业管理水平。

(4)创新企业融资新思路。引导中小企业抱团合作,以相互持股、合作企业、合资企业、联合生产和营销等方式建立战略联盟,实现企业之间的资源共享、信息交流。建立健全中小企业征信体系工作,鼓励引导中小企业采取发行债券、民间借贷、信用担保融资、金融租赁、股权出让、增资扩股、产权交易、杠杆收购、引进风险投资、留存盈余、资产管理融资、票据贴现、资产典当、商业信用融资、国际贸易融资、补偿贸易融资、项目包装融资、高新技术融资、BOT项目融资、IFC国际投资、专项基金的投资、产业政策投资等多种形式破解融资难题。

(5)进一步推动转型升级。大力推进"互联网+小微企业",推动小微企业信息化和公共服务网络化。引导信息化服务商为中小企业开展线上线下培训和应用推广活动。开展中小企业创新转型试点工作,推动企业转型升级。

(6)推动校企合作。一方面组织中小企业管理人员到高校学习培训,提高管理能力;一方面加强企业和学校之间的技术合作,构建学校和企业技术转让平台,提升企业的技术能力。

加强郑州市投资软环境建设

河南牧业经济学院 邹 赟

近年来,投资环境的建设受到日益广泛的关注。过去我国对投资环境的改善集中在基础设施等硬环境方面,我国加入WTO以后,吸引外商投资的竞争变得越发激烈,研究的重点已经从改善投资硬环境转移到投资软环境上来。本文着眼于这一问题,全面阐释郑州市软环境建设的发展现状,分析制约投资软环境建设的因素,探寻投资软环境优化的途径,提出相应的对策建议,从而促进投资软环境的建设。

一、郑州市投资软环境建设现状分析

(一)郑州市的环境优势

(1)文化环境优势。河南地处中原,是中华文明重要的发源地,有着厚重、多元的文化,如名人文化、古都文化、墓葬文化、寻根文化、佛教文化、饮食文化、戏曲文化和武术文化等。这些优秀文化在河南经济建设、社会发展和实现中原崛起的过程中起着非常重要的作用,并且对河南未来经济发展依然具有重大意义。

(2)政策环境优势。改革开放以来,我国在区域经济发展上采取非均衡发展战略,优先发展东部地区,"九五"时期提出了西部大开发,"十五"时期又提出了东北振兴和中部崛起,并相应地给予一定的优惠政策。郑州市属于中部地区,因此享受到了一些政策优惠措施。

(3)劳动力成本优势。河南是全国人口第一大省,劳动力资源丰富,特别是劳动力成本低,是现阶段经济发展的一个重要优势。对于市场经济的微观主体企业来说,低成本是其生存和发展的重要条件之一,生产成本主要包括生产资料成本和劳动力成本。因此,河南的劳动力成本低是吸引投资、发展经济的一个重要优势。当然劳动力成本是动态的,会随着经济发展和周边市场劳动力成本的高低发生变化,其低成本优势会逐渐消失;但就现阶段来说,我们应该抓住这一优势,促进郑州市经济的快速发展。

(二)郑州市投资软环境建设存在的问题

郑州市利用外资无论是在数量上还是在增长速度上与南方发达省份,尤其是广东、江苏、上海、浙江都存在着很大差距。我们从构成投资软环境存在的8个方面的问题加以详细分析。

1. 思想观念环境：不够开放、更新缓慢

人的思想观念对经济发展起着导向和制约的作用。先进科学的理念能带动经济的发展，落后陈旧的观念则会阻碍经济的发展。因此，思想观念的问题是影响投资软环境最根本的原因。广东长期处于我国统治中心的边缘地带，受岭南文化影响较深，政治观念比较淡漠，思想开放、创新观念较强，在我国历史上是较早从海上走出国门，开辟海上航线，进行海外贸易的开拓者，具有浓郁的海洋文化特征；上海曾经是世界上最开放的城市之一，善于得风气之先和开风气之先，惯于洞察世界文明走势和拓展新的文明，既有开通、谦和、敏锐的正面，又有过于精明、太重周旋的负面；涵盖江苏和浙江省大部分地区的吴文化，长期以来成为江苏的经济文化重心。稳步中求发展，是吴文化的精髓，勤劳、智慧、心灵手巧、精于计算、务实、求稳、包容、开放以及浓厚的市场观念和竞争意识等，能够敏锐地觉察到新的发展机遇，成为江苏的地域文化特色。而中原经济区具有不完全性和不成熟性，带有鲜明的农业乡土文化特色。观念比较保守、商品经济意识不强、市场观念淡薄，缺少开拓性和风险意识，这样就大大妨碍了投资的生产和运作。回顾中原经济区近些年的发展历程，可以清楚地看到，虽然中原经济区在宣传上一直十分重视解放思想，但是行动中却显现思想的守旧和观念的落后。改革开放过程中不同程度地缺乏"大胆闯、大胆试"的勇气，危机意识、大局意识、机遇意识、责任意识和创新意识比较淡漠等。思想观念环境总体上存在不够开放，更新缓慢的问题。主要表现在：第一，眼光不开阔，考虑和处理问题带有狭隘的地方观念，限制市场准入，构筑地方贸易壁垒。第二，主观能动性较差，缺少改革创新精神。不能跳出不适应生产力发展的、旧的条条框框的束缚。第三，习惯于计划经济的思维定势。不善于运用市场机制运作和管理经济，发展经济的思路不够开阔。第四，许多人还没有意识到投资软环境的重要性，没有积极为建设良好的投资软环境努力的观念。

2. 人才环境：用人机制不够灵活、不够完善

市场经济条件下的各种竞争，实质上是人才的竞争，因此，人才环境的好坏是评价一个地区投资软环境的基本因素。郑州市具有丰富的人力资源作为优势，但并没有很好地留住人才，吸引外来人才来发展的成效也不明显。主要因为目前郑州市的人才环境还存在以下问题：①人力资源观念淡薄。对人力资源在经济发展中的重要作用认识不足，甚至少部分人怀有国内外人才进来会影响本地人才发挥作用，影响本地人就业的狭隘观念。②人才方面的基础设施建设尚未成型，没有营造出一个良好的生活环境，造成人才外流。③用人机制不够灵活，缺乏很好的优惠政策，因而不能广泛地吸引各种人才，特别是高层次的科技创新人才和高级管理人才；④用人环境不宽松，缺乏人才成长的机会和不断发展的空间。

3. 政策环境：不够科学，落实不到位

政府的政策指导对促进一个地区的经济发展具有非常重要的作用。南方发达地区的经验和调查表明，在现实条件下，投资者对政策环境的比较是决定投资的重要因素。

目前，郑州市正在成为新的外商投资热点地区，从增长因素分析，主要缘于建设中原经济区上升为国家战略。但是，在优惠政策上还远远比不过广东和上海。从开放时间看，1982年，"先行一步"的改革开放政策使广东成为"经济洼地"，出现了"深圳速度""深

圳效应"。上海在20世纪90年代中期之前，并未发挥应有的作用。国家开发开放浦东后，将一些特殊政策用于浦东地区，90年代中期以后以上海为龙头的长江三角洲利用外资倍增，经济快速发展。在引资政策以及相关政策上，包括FDI的市场准入（对外资的市场开放度）、国民待遇的实施、政府对FDI的审批管理、对FDI的股权限制或投资形式约束、FDI企业的生产经营自主程度、外汇政策、融资环境、产业政策、税收政策、财政政策、进出口政策等，尤其是在吸引外资的土地价格优惠和企业所得税方面，与江苏、上海相比处于劣势。郑州市投资软环境建设研究除了存在某些政策还不够优惠的问题，客观地讲，政策的效应发挥并不够理想，分析起来，主要存在两方面问题：①招商引资方面的政策缺乏统一性、连续性。不同部门、不同地区针对同一事项都在制定政策，一方面给政策的执行者带来很大的随意性，留下滋生腐败的空间；另一方面，也给不法投资者留下钻政策空子的余地，并造成各地区在引资政策上的恶性"攀比"。有些政策缺乏科学性，政策的灵活性不够。在宏观经济形势发生变化时，不能根据变化的情况及时对政策进行修订和补充，因此不能很好地支持经济发展。②中原经济区的政策不能很好地落实。一些优惠政策的制定与执行脱节，对投资政策的宣传也不够全面，只偏重于从总体上宣传政策的优惠，而忽视具体政策的宣传。据调查，很多"三资"企业、个体私营企业和外地来的企业因缺乏了解政策的有效渠道，对出台的许多政策完全不了解。

4. 法治环境：法制不够健全、执法水平不高

市场经济是一种以法制为前提的多元化利益主体和多元化市场主体自主经营、自主决策的经济。依法治省，既体现在依法行政、依法治理社会上，也体现在依法管理经济上。因此，法治环境是投资软环境的核心内容，法制是否健全、法治是否有力，是投资者关心的根本问题之一。

然而，郑州市法治环境归纳起来有以下3个方面的问题：

第一，地方性法规空白较多，没能做到"有法可依"。建立健全地方性法规的步伐较慢，已不能适应经济、社会快速发展的需要。一些经济活动中急需的地方性法规，迟迟不能出台，仍然沿用原有的条例、规章，大大影响了招商引资工作。对于一些全国性法规需地方制定实施细则的，动作也较慢，致使发展过程中的一些问题解决起来缺乏具体的依据。同时，发展中一些重要的地方性法规的欠缺，如在对投资者合法权益和债权的保护、对知识产权的保护及作用的发挥、对政府行为的法律规范和约束、对行政执法的监督和公务员违规的处理等方面的法规建设乏力。对中介机构在评估、审计、验资、仲裁等服务过程中有失公正的行为缺乏法律追究等监督措施。

第二，司法过程中存在一定的问题，不能很好地做到"违法必究"。一些并不复杂的经济纠纷案往往也要花上很长的审理时间，并且判决后又常常由于诸多人为的因素，拖延很久，无法执行。致使企业浪费了大量金钱、时间、精力，延误了投资发展的机会。一定程度上损害了投资者的合法权益，造成投资者继续发展的信心不足。

第三，广大干部和百姓，法律意识普遍较差，学法、懂法、守法、护法的自觉性、主动性不高；立法进程缓慢，地方性法规体系建设滞后；仍存在一些执法不公、执法不严、执法犯法的现象；社会治安综合治理效果不显著。法律和规章的引导和约束效能得不到充分发挥。

5. 市场环境：中介欠缺、服务水平有待提高

市场环境是经济发展最基础的环境。市场的发育程度，尤其是市场的秩序和服务，直接影响投资的规模和效益。通过实际的走访与调查，发现主要问题有四个：①市场中介服务落后。一方面，市场经济发展所需要的服务于人流、物流、商流和信息流的许多中介性质的组织空缺，缺乏各种类型的经纪人，现有的不少中介组织也只属于起步性质。另一方面，一些诸如会计师事务所、审计师事务所、信息咨询和各种业务代理机构的运作不够规范，服务水平不高，一些中介机构的中高级职员对国际规则知之甚少。②存在假冒伪劣产品。仿冒产品虽质劣但价廉，抢走了大量市场，对企业造成巨大的冲击，也损害了企业开发新产品的积极性。③管理手段粗放。目前，对市场的管理缺乏统一性、规范性和连续性，乱检查、乱收费、乱罚款的"三乱"现象十分普遍。④无照经营和占道经营泛滥。各个地区无照和占道经营现象严重，这些无照和占道经营户不缴纳任何税费或只向街道上交很少的管理费就公开入市交易。既冲击了正规市场的交易，又损害了合法经营者的利益，破坏了公平竞争的条件。

6. 金融环境：融资渠道不畅、服务水平不高

金融环境对投资的引导是至关重要的。郑州市目前虽然具有众多金融机构，但目前金融环境方面仍存在的一些问题，集中表现在三个方面。

第一，银行与企业之间矛盾较大。一方面，许多银行不良资产巨大，商业化经营困难，从资金的安全性和有效性考虑，放贷比较谨慎，特别是对包袱较重、资产状况不良、信誉较差的企业基本不愿贷款，对企业长期拖欠利息十分不满。另一方面，企业特别是困难企业急需的资金难以从银行贷到，对银行怨气较大。银企关系的紧张状况，直接影响了金融信用关系，银企之间良性互动的正常关系没有建立起来。

第二，融资渠道投资软环境建设研究较为狭窄。融资渠道不够有效，省内资金融通不够畅通，国内外资金更不容易进来，并且出现大量资金外流。

第三，金融活动不够规范。商业银行大都停留在计划经济下的资金运作和管理模式，在和企业打交道时，没有正确把握定位，把自己当成企业的"救世主"和上级部门，服务意识较差。清理金融"三乱"的后遗症较为严重。

7. 政务环境：程序烦琐、效率不高

在现行管理体制下，政府与经济活动的联系是较为紧密和频繁的，投资者对政务环境的感受是最直接和最现实的。应该说，郑州的政务环境让投资者比较满意，但总体情况并不是很理想，在外商建议投资软环境改善的主要方面中，简化机构投资手续和提高政府及涉外投资管理机构工作占了很大的比重。

办事效率普遍较低，而且办事程序不透明。投资者在办理各种手续时常常摸不到头绪，浪费了很多时间和精力。第一，服务水平不高。很多人认为，机关工作人员服务态度较差，服务水平较低。相当一部分的部门工作人员办事推诿、拖拉、马虎。第二，行政性收费过多、过滥。行政性收费比东南沿海地区多得多。众多的行政性收费，加上花样百出的其他收费，使企业很难承受。据调查统计，企业最有意见的收费项目包括：过路过桥方面的收费、城管方面的收费、治安联防方面的收费、工商注册和年检方面的收费、电信方面的有关附加收费、卫生检疫方面的收费等，其中对过路、过桥费太高的反映非常

集中。

由于过去完备的计划经济体制的巨大惯性,加之长期以来行政体制变动的复杂性和政府职能转变的滞后性,造成了政务管理上的"错位""越位""缺位"和"失位",从而削弱了行政的效能和管理的力度。"错位"突出表现在,部门职能交叉,职责范围不清晰;"越位"突出表现在,政府及其部门在微观经济上管得过细、过实,干预太多,使得企业和其他经济组织无所适从;"缺位"突出表现在政府及其部门缺乏实施宏观调控、有效驾驭市场经济的能力,对宏观管理过粗、过疏,导致中原经济区市场体系和市场经济发展基础性条件的发展滞后,影响了经济中心城市的功能发挥;"失位"突出表现在,政府及其部门在管了大量不该管的事情之后,对经济、社会的正常管理却大大放松了,致使经济、社会生活中许多方面接连出现失衡、失序和失常。

8. 社会文化环境:创新意识不足、行为保守

良好的文化氛围、文明的社会环境与和谐的人际关系,对投资者具有极大吸引力和凝聚力。郑州市社会文化环境的总体状况还可以,和谐的社会环境也是一直以来具备的优势。但人们多数追求安稳,习惯了规律的生活,还没有完全转变观念,人们尤其是企业家的自主创新意识不强。缺乏探索和冒险的勇气与魄力,一些企业还没有完全摆脱计划经济体制思想的影响,行为保守,在形成团结合作、公平竞争的良好文化氛围方面仍然或多或少地存在一些问题需要改善。

二、改善郑州市投资软环境建设

结合郑州市经济和社会发展的实际,遵循前瞻性、可操作性的基本原则,对投资软环境建设方案进行设计,提出具体实践对策。

1. 投资软环境建设的基本原则

第一,符合WTO对外商投资规定的原则。对于不同经济类型的投资主体一视同仁,不分国家、地区应一致按照WTO对外商投资的规定来改进和完善自身的政策、措施,不能人为地制造差别待遇。这是投资体制改革、实现投资主体多元化后的必然要求,也是我国加入世贸组织后各地区改革的方向。

第二,以政府为主导原则。政府在经济发展中的主导性不是在短时间内能够改变的,因此,投资软环境的建设也必须注意发挥政府的主导作用。政府应为企业的招商引资创造环境和构筑平台,发挥正面效应。抓紧研究、出台有实质性的、区域性的、有利于吸引外商投资的优惠政策。

第三,以市场为导向原则。建设投资软环境的过程,也是与国际市场接轨的过程,是进一步深化社会主义市场经济的过程。

2. 新形势下改善投资软环境的重要性和紧迫性

我们应认识到国际资本流动的新趋势和新特点赋予投资环境以全新和更加广泛的内涵,对投资软环境提出了更多的要求。对软环境的认识与把握要根据不同层次外商的特殊需要,实行动态管理,在整体改进的基础上,对个性化的问题进行专项处理。当前应着重做好以下工作。

(1)兑现社会承诺,建设服务型政府。为支持发展开放型经济,河南省商务厅、财政

厅等政府职能部门公开承诺:对涉外经济工作做到"多服务少干预,多支持不添乱,多协调不扯皮"。它对演化行政审批制度改革,简化办事程序,提高服务效率,优化投资环境,努力建设服务型政府,有重要意义,受到社会各界的一致好评。对公开承诺的事项,不能只停留在口头上,必须认真逐条落实兑现承诺,实行责任制,落实到人;要敢于接受新闻媒体和社会各界广大群众的监督。做到言必信,行必果,以展示河南开放发展经济新形象。

（2）以市场为导向,加强引资方面的法制建设。政府的立法工作,在坚持立法的统一性、民主性、效率性基础上,结合国家颁布的涉外经济法规,应加快司法改革工作步伐,以高质量、高品位的"良法"为引资保驾护航。要依据"中西部地区外商投资优势产业目录"研究、制定本市重点招商项目的扶植规划和优惠政策,以立法的形式固定下来,解除外商的后顾之忧,坚定投资信心。针对加入 WTO 以后涉外经济活动不断增多的变化,2003 年郑州市中级人民法院在民三庭下设立了涉外民商合议庭,受理全省（洛阳高新技术开发区除外）的所有一审涉外民商事案件、涉港澳台案件,这是法制建设服务于对外经济贸易工作的重要举措。本市要充分利用好该法律资源,为外商的经营活动提供高质量快捷的法律咨询与法律援助。促使各个经济利益集团树立规则意识,做到有法必依,违法必纠,法律面前人人平等。

（3）完善人才市场体系,提高人才服务质量。在人才战略上要敢于制度创新,加速人才的合理流动,要以郑州人才市场为轴心,与国内外大型人才市场要相互友情链接拓宽外商选才视野范围。要组建运作规范的人才中介公司和猎头公司,以满足企业对高层次人才的要求。对现有高级人才亦应制定相关的政策,做到"事业留人、感情留人、待遇留人"。

（4）要加快信息产业建设步伐,构建经济信息定期发布平台。目前,河南省对外经济信息产业建设的重点是加快"河南投资指南网"筹建步伐,把国外客户的经营项目、投资信息及联系方式集中上网,同时也将省内需要国外投资的项目进行包装,面向世界发布。信息平台在与国家建立链接的基础上,要逐步实现供需互动,为客商提供个性化的专项服务,使外商能够及时掌握国家和郑州市外经工作动态,能够依据权威的产业政策,调整预算支出方向,降低经营管理成本。

（5）改革行政审批许可制度,彻底清理行政审批和许可项目。在市场经济条件下,行政审批与许可是行政机关对市场主体资格和能力的评定和认可,是市场主体进入经济领域活动的一种资格,它对优化资源配置、维护公平竞争和市场经济秩序等都起到积极作用。但是,由于缺乏统一管理,审批许可范围过于宽泛,设置不够科学合理,它已成了某些行政执法部门和执法人员滥用职权,制造"四乱"的"根据"甚至成为滋生腐败的温床。一些行政执法部门在日常审批工作中,有的只"批"不"审",有的只审批不管理,后患无穷,必须依法清理。对能通过市场机制进行规范的,要按照转变政府职能和社会主义市场经济运行的要求,取消没有法定依据、没有审批必要的项目,充分发挥市场机制的调节作用。对关系到经济发展和社会安定的审批事项要制定科学的审批操作规程,简化和规范审批手续。对经营服务性项目、标准进行全面审核,并通过新闻媒体向社会公示收费目录;在财政管理方面,通过建立会计核算中心,实行收支脱钩管理,取消收费收入过渡账户,严格执行"票款分离"规范执收执罚行为;要大力推广服务公开制、服务承诺制、限期办结制、首问责任制,规范"一站式办公""一条龙服务"。

（6）建立完善社会信用认证体系,提高信用等级。在加强公民道德宣传教育,使"爱国守法,明礼诚信,团结友善、勤俭自强、敬业奉献"的基本道德规范成为全省公民自觉遵守的行为准则的基础上,要结合该省的实际,尽快引入市场经济发达国家完备的信用登记、评估、认证制度。依据公民和法人的信用等级,提供相关的信用服务。使诚信者获益,提高"失信成本"使失信行为得不偿失,有失信动机者不敢冒失信风险。

（7）规范ATA单证册办理业务,为企业的对外经贸往来开辟"绿色通道"。ATA单证册是一份国际通用的海关文件,它是世界海关组织为暂准进口货物而创设的,是货物通关的护照。它可以简化通关手续,无须填写各国国内报关文件并免缴货物进口关税的担保,节约通关费用和时间,持证者在出国前已预先安排好去一个或多个国家的海关手续,不需在外国海关办理其他手续或缴纳费用,并可以确保快捷通关,可以降低持证人风险。中国国际贸易促进委员会已经批准河南省贸促会正式成为我国首批ATA单证册签证机构之一,可直接面对河南企业办理ATA单证册业务。河南省贸促会要将办理ATA单证册业务的有关内容,向社会各界做好宣传推介工作,为企业的对外经贸往来提供便利的"绿色通道"。

三、郑州市投资软环境建设的主要对策措施

实践证明,经济发展环境好的地区经济发展水平也较高,而经济发展水平较高的地区也更加重视环境的优化,郑州市也应该形成这样一个良性循环。我们应进一步发挥自己的优势,逐步解决存在的问题,特别是要重点加快解决矛盾比较突出的问题,不断优化经济发展软环境,促进经济的健康发展。当然软环境的优化是一个渐进的过程,会随着经济社会的发展而不断变化。就现阶段来说,应努力做好以下工作。

1. 培育良好的人文环境

今后应把打造区域创新能力作为培育人文环境的重中之重。在资源自由流动的经济全球化、市场化时代,自然资源的多寡已不是决定区域经济比较优势的核心要素。一个区域能否构筑起富有竞争力的优势产业或特色经济,主要取决于区域内吸纳、整合和利用资源的能力。而这种能力的获得主要取决于区域内的综合创新能力。资源相对稀缺的区域可以通过制度创新、技术创新、人力资本的培育和政策体制、人文环境的改善,强化区域对域外资源的吸纳、整合与配置能力,广泛利用外部资源、外部市场,创造新的竞争优势。

2. 建立和完善法律法规环境

建立和完善法律法规环境,首先要加大执法力度,净化法制环境。市场经济是法制经济,在社会主义市场经济条件下,无论是市场调节还是政府的宏观调控,都离不开法律法规的作用。郑州市要抓住中部崛起的机遇,努力缩小与发达地区的差距,优化经济发展软环境、强化法制建设就显得极为重要。立法和执法都是法制建设的重要内容,从当前的实际情况看,执法更是优化法制环境的关键手段。因而,在优化法制环境方面,要尽快克服一些地方和部门存在的有法不依、执法不严、违法不究,甚至执法违法的现象,要

强化司法公正的观念,克服地方保护主义,平等保护国内外各类投资者的合法权益。

3. 转变政府职能,优化政策、政务环境

政府是改善投资软环境的主导,在经济发展的过程中,政府必须注重务实的态度,要从满足投资者的需求出发,切实服务于投资者。要切实转变政府职能,优化政府行为,实现由"管制型"政府向"服务型"政府的转变。具体来说:一是要完善政府决策机制,规范决策程序,推进行政决策的科学化、系统化和法制化;二是要提高政策的连续性和稳定性;三是要进一步完善政策法规,提高政策的可操作性;四是要创造公平的竞争环境,从基于优惠的政策转向基于规则的政策;五是要提高政府行政效率,降低行政成本;六是要努力提高政府公信力,政府不仅要提高政策公信力,还要致力于促进公众之间的凝聚力和信任度;七是要从源头上治理寻租、腐败现象。政府应创造公平的经济发展环境,有助于减轻对寻租的激励。政府还要建立一种合理的治理机制,使得各种利益能够得到充分的表达,防止任何一个特定的利益集团形成特殊的影响力。

4. 营造优质的信用环境

信用作为一种资源,它是经过长期培育才得以形成的社会关系。信用缺失主要表现为政府承诺兑现难、地方政府政策的透明度较低,难以体现公正、公平、公开原则,企业违约、制造假冒伪劣产品、披露虚假信息、质量欺诈等现象。要在全社会营造诚信环境,首先,应加快政府信用体系建设。各级政府部门、事业单位以及具有行政职能的组织,必须坚持依法行政,按照国际惯例办事,加强市场监管,严格执法,确保政令畅通,以维护和培育良好的信用秩序。行政机关要全面实行政务公开,增强政策的统一性和透明度;要遵纪守法、清正廉洁,不得为经济组织担保或借管理、监督、检查、帮助之名干预企业正常经营活动;因行政过错侵犯了公民、法人或其他组织的合法权益,造成损害并涉及赔偿的,应当予以赔偿,从而为全社会诚实守信起到示范、表率作用。其次,要努力建设企业和个人诚信体系,为个人和企业建立信用档案。同时,要通过制度建设,充分保证信用信息的真实性和全面性。建立对信用记录和评估机构的监督和管理机制。

5. 优化用人环境,不断提高劳动素质

优化用人环境:一是要进一步完善选人用人机制,坚持公开、平等、择优的原则,促进优秀人才脱颖而出;二是要进一步完善人才激励保障机制,不断激发人的创造活力,重视人才的培养,促进人才的全面发展;三是要进一步完善人才评价使用机制,突出能力和业绩,促进人尽其才、才尽其用;四是要进一步完善人才资源配置机制,发挥市场配置人才资源的基础性作用,促进人才各得其所、各展其能。除此之外,还应重视劳动力的培训,要在劳动力低成本优势消失之前,通过培训提高其素质,真正发挥劳动力资源的优势。

03

空港经济圈临空产业集聚效应与差异化发展路径选择
——兼论郑州空港外向融合度的提升

郑州航空经济管理学院　陈　钧

空港经济是以大型机场为依托,通过直接服务于航空运输业以及集聚相关产业,在空港及空港周边实现经济集聚的一种新兴区域经济模式。空港经济作为区域经济的一种新兴发展形态,其本质是一种在空间上的经济聚集现象。而临空产业集群作为港区内经济聚集的一种特有形式,其形成、发展既具有明显的规律性,又存在个体差异性。随着经济的快速发展和开放程度的不断提高,我国航空客运量和货运量都呈现快速增长的态势,空港经济区作为区域对外开放的重要门户越来越受到枢纽机场所在地区的重视,正逐步成为我国新一轮城市和区域经济发展的增长点。

一、空港经济圈临空产业集聚效应与形成演进的一般规律

(一)临空产业集聚效应分析

空港经济的实质是一种新兴的在空间上的经济聚集现象,使以机场为中心的经济空间形成了航空关联度不同的产业集群。空港经济圈强烈的产业集聚作用,有利于推动当地区域经济的发展,一些国家的地方政府通过培育地方临空产业集群,使本地生产系统的内力和国际资源的外力有效结合,提高了区域经济外向度和产业竞争力。临空产业的集聚所产生的外溢效应表现在两个方面。

1. 临空产业集聚的开放带动效应——空港经济成为区域经济增长的引擎

临空产业集群具有科技含量高、开放程度高、国际合作多等诸多特点,尤其是构成空港经济主要组成部分的国际大型枢纽机场,机场本身带来的航线可达性以及机场周边的地面交通便捷性,增加了该区域与外部联系的便利性。在机场周边集聚的国际航空运输公司以及外向型的高科技公司,其外向度高,有利于提高区域经济的国际化水平和市场化程度,为城市和区域发展外向型经济提供了平台效应。空港经济的发展对区域经济的发展具有巨大的带动作用。临空产业的集聚是依托大型机场航空运输的优质资源,这种资源禀赋在一定的经济空间是无法复制的,因此临空产业是独具特色的产业群,能够锻造区域的核心竞争力。空港经济通过自身的产业结构优化和演进,能够带动区域经济的发展和产业的升级换代。如国内发展比较成熟的北京首都临空经济区,区内临空产业聚集特征明显,临空主导产业突出,目前已初步形成了以高新技术产业、航空产业为代表的现代制造业产业集群和以会展、现代物流业为代表的生产性服务业产业集群,其对首都

经济发展的推动作用日益凸显。2012年首都空港经济区GDP产值达770亿元,占北京GDP比重的7%左右,为北京地区创造了65.4万个就业机会,占北京地区就业总数的12.86%。

2. 临空产业集聚的技术外溢效应——空港经济成为城市新兴产业的孵化器

临空产业的集聚发展不仅带动了区域经济的增长,且由于空港经济区产业集聚带来的技术和信息的聚集,使得空港经济区对其周边区域具有较大的信息和技术外溢效应,从而一些新兴产业逐步在城市里形成。同时由于临空产业集聚所产生的外在规模经济、范围经济,使产业和区域的竞争优势更加明显。例如西雅图被誉为美国的"航空城",由于波音公司的入驻,带动了本地航空制造业的发展,并使该地区的商业环境和交通状况得以逐步改善,一些新兴产业呈现集聚态势,如航空航天产业、信息通信产业、生物科技和医疗技术产业、环保产业以及旅游餐饮、会展等现代服务业。目前一些美国知名的大公司把总部都设在西雅图,如全球最大的软件制造商微软公司、全球最大的商用飞机制造商波音公司、著名的互联网公司亚马逊公司、美国电话电报无线公司以及世界著名餐饮企业星巴克等。

(二)临空产业集群形成与演进的一般规律

临空产业集群的发展过程是一个长期的、动态的过程,具有明显的阶段性特征。纵观成熟空港区临空产业集群的成长历程,其形成与演进一般可分为三个阶段,各阶段具有明显不同的特征和发展规律。

1. 形成阶段

在临空产业集群的形成期,主要是基础动力——机场设施资源的驱动力起主导作用。机场是临空产业产生和发展的必备基础,临空产业构成的类型以及布局方式在很大程度上由机场决定。该阶段的主要特征有:

第一,临空经济发展的支撑条件较弱。机场处于成长期,临空产业所在区域的发展环境尚不完善。临空经济发展的支撑条件较差,使得机场周边的临空产业聚集效应较弱。

第二,临空产业集聚出现,但尚未形成产业集群,临空产业相对独立,产业关联度低。由于机场设施资源的有限性,造成机场的产业聚集吸引能力不强,只有一些具有极高临空指向性的企业和从城市中心外迁的制造业开始在机场周边布局,但这些临空企业群在产业链中的位置较为类似,企业的经济活动,如原材料、人力资源主要依托地区经济的供给,产业集群尚未形成网络,产业的外部经济性难以体现。

第三,临空产业布局的优化度较低。由于地面交通尚不发达,临空产业主要分布在机场运营区和紧邻机场区,各临空产业圈层空间结构简单,层次单一,地面交通系统产业空间连通作用尚不明显。

第四,临空产业未融入全球产业链分工中,外向度较差。该阶段的临空产业主要以服务于航空公司和机场的航空运输服务业为主。

由于此阶段的机场客货流量小、起降航班数量有限、对航空服务要求不高等诸多原因,所以服务于机场的航空服务业规模偏小,服务功能较为简单。这种情况下不会吸引大量的跨国企业,区域内企业还没有完全并入全球供应链中,外向度较差。

2. 成长阶段

第一,临空经济发展的支撑条件逐步完善。此阶段机场的设施资源有了较大的改善和提高,临空经济的区域发展环境也有了较大改善,区域的外向型经济和科技发展都已步入发展轨道,可为临空经济的发展提供较大的市场支持。区域与其他战略控制中心交通便利,已经融入全球网络。

第二,主导临空产业确立,产业集群逐渐形成,产业综合体初显。在成长阶段,根据地区资源禀赋、经济或政策条件的不同,临空经济主导产业开始出现并形成资源优势,产业进入结网阶段,经济网络和社会网络完善,临空产业集群基本形成。主导临空产业集群内各企业间长期的交流和合作形成了一种完善的合作网络,企业步入稳步成长阶段。此阶段港区内可能形成多个优势临空产业集群。

第三,临空产业集群布局的优化度提高,圈层结构逐渐显现。在形成阶段,新增临空产业首先在紧邻机场区布局,以最大限度获得机场航空服务的便利性和地面运输的通达性,但是由于紧邻机场区的土地资源有限,使得这期间的新增临空产业选择机场走廊沿线地区布局。这些地区通过城市快速环线或高速公路系统与核心区连接。

第四,临空产业逐渐融入全球产业链分工当中,港区的开放度逐步增强。

在此阶段,港区内基础设施逐步完善,机场的航线辐射面得到扩充,通达国际重要城市航线逐步增加,临空产业发展的环境得到改善,这种通达世界的便利性,使得集聚在港区内的企业实施海外市场扩张战略成为可能;同时也会吸引跨国公司入驻,港区的开放度显著提升,临空产业与全球网络的融合性开始加强。

3. 成熟阶段

第一,临空产业集群日益完善,并开始向研发、设计、总部等价值链高端演进。产业链的价值分布微笑曲线中,由于设计、研发、金融、销售等服务业具有较高的知识密集性和专业密集性,而成为产业链中的主要增值部分。在成熟期,通过现代制造业和航空制造业产业链的不断完善,产业链开始向设计、研发、销售、总部等高端服务环节延伸,通过大量的制造、服务关联产业的集聚,形成了相应产业集群。空港经济圈通过大量吸引和发展这些服务性产业和服务性环节,逐步剥离或淘汰原有的传统制造、组装等劳动密集型价值链低端环节,空港经济区由现代制造业向现代服务业转型,产业结构得到优化,附加值提高。

第二,临空产业布局的空间"蛛网结构"基本形成。产业空间布局结构优化的内在规律指引着产业区位的调整。以高速公路为核心的综合交通体系构建完善,成为连接机场、空港经济区以及主城区的"增长线"。交通走廊沿线地区成为新增产业的重点选择区域,并逐步形成新的产业集群。按照临空指向性的不同,空港经济形成了科学、合理的产业圈层布局,发达的综合交通体系大大增强了不同圈层之间联通的便捷性。

第三,临空产业与全球网络的融合性较高。空港区内企业和产业集群的自主创新能力和竞争力不断提升,其产品在国际市场占有较高比例,其高度的外向性,使得企业能在全球范围内组织生产经营、售后服务和研发设计,区内企业与国际市场的联系日趋频繁;跨国公司的生产、销售部门及其研发部门大量进入区内,航空企业的总部、国内一些知名大企业的总部也陆续迁入区内,从而使独具区位优势的临空产业成为全球产业链的主导环节。

以上所述是临空产业集群发展的一般性规律,但由于各地区经济发展水平和政策不同,会使得临空产业集群各发展阶段呈现出与一般产业规律不同的特征。

二、成熟国际空港临空产业聚集模式的差异化发展路径选择

空港经济近几年备受关注,据不完全统计,全国已有60座城市提出空港经济区的相关规划。很多地方都将空港经济视作转变经济增长方式、调整产业结构的重要方向。但同时我们也注意到,各地临空产业发展过程中出现模式单一、同质化严重,临空产业特色不突出,产业同构的问题,其最终会导致重复建设、资源浪费、无序竞争等后遗症。总结空港经济发展的理论和实践经验,虽然国外空港经济区成功发展有其共性和一般性规律,但其多样性和差异化发展路径值得我们借鉴。成熟空港经济区都具有独特的产业构成特征和产业集聚发展模式,而这种产业集聚模式的差异性又来自其所处区域的区位特征、资源禀赋、产业基础和政策导向等外部条件的不同。

1. 以综合枢纽机场服务为核心的多产业主导、集群化发展模式

该类型的临空产业发展模式是以大型的、综合性国际航空枢纽机场为依托,利用机场带来的庞大客流、货流和信息流,以及区内临空产业经过多年的发展,围绕机场形成的产业布局合理、临空主导产业鲜明、产业间相互支撑的多层次的产业集群体,在这个产业集群体中包含多个临空主导产业。区内产业构成主要包括:一是临空指向性较强的行业,如航空运输服务业;二是围绕旅客为其提供服务的行业,如餐饮、康体休闲、住宿业等;三是高度依赖航空运输的高附加值、轻型产品制造企业,如电子信息、生物医药等高新技术企业;四是生产性服务业,如金融、会展、总部等。其产业集聚的特征表现为:第一,综合枢纽服务业聚集效应突出,枢纽机场连通区域和洲际交通网络便捷的优势,吸引航空公司在机场附近设立办事处和基地,以利用综合枢纽机场的网络效应。与枢纽机场运营直接相关的运输服务业在机场周边大量聚集。第二,休闲娱乐产业成为空港经济区的新兴产业。由于枢纽机场周边中转旅客及商务区内的商务人士对康体休闲娱乐服务的需求,使得以健身、公园为主体的休闲娱乐业成为区内发展较快的产业。如新加坡樟宜机场附近的商务园区,园区内提供集休闲、商务、娱乐、餐饮为一体的综合性服务。同样韩国仁川机场附近的商务区,也是以康体休闲娱乐等新兴产业为特色,吸引国际大公司的入驻。

2. 航空物流驱动型临空产业集聚发展模式

国际上有些空港货运发达而客运相对较弱,依托这类机场形成的临空产业集群,我们称之为航空物流驱动型临空产业集聚模式。该模式的主要特征是:

第一,区域的物流集散能力是机场发展成为大型航空物流枢纽的基础。纵观世界大型货运枢纽机场,其具有良好的区位优势,交通便利,所处的腹地经济具有较强的外向性,长期的物流需求使得区域具有较强的物流集散能力,奠定了机场作为大型货运枢纽的基础。

第二,借助便捷、高效的航空物流引发了空港区内高科技和轻型制造产业集聚。高

附加值、技术密集型、适时生产和生鲜产品,像生物医药、医疗器械、电子信息通信产品、鲜花、海产品等,具有高附加值、重量轻、时效性强的特点,需要安全、高效的运输方式。由于航空运输能满足这些行业的运输要求,因此,航空货运的发展促进、带动了这些相关产业的集聚。例如孟菲斯是 FedEx 的全球转运中心,自 1992 年以来机场的货运吞吐量一直居全球第一,孟菲斯利用其便捷的环球网络,接触全球市场的直接窗口,在航空港发展高科技产业走廊,吸引新的产业及经济活动,主要发展信息及通信科技、生物医药科技产业。

第三,航空物流及其强大的产业链带动效应衍生新兴产业。随着电子商务日趋成熟,良好的航空货运及快递网络和设施对这些新兴产业产生很大吸引力。如近年来新兴的航空快递业业务量激增,逐步取代传统的航空货运业。又如美国的孟菲斯机场国际枢纽功能吸引了许多从事电子商务的公司在机场周边建立物流转运中心,以利用机场便捷、高效的快递业。这种新兴的产业将空港、互联网及快递业务三者成功地融合在一起。

3. 航空制造业主导型临空产业集聚发展模式

航空制造业是港区内临空指向性最强的产业之一,其产业链长、加工环节多、复杂程度高。而商用飞机的组装和主要零部件生产环节一般选择在空港经济区内布局,这样围绕飞机总装和关键零部件制造,在机场周边形成了以航空制造为主导的产业集群。以航空产业为龙头的产业定位主要适用于空港经济区内有较大规模的飞机制造企业,通常是以飞机的总装制造为龙头,在机场周边构建完整的航空制造产业链。如依托波音在西雅图的两个总装厂,西雅图形成了相关的研发、制造、服务及旅游、展览企业的集聚,并延伸发展其配套服务业,初步构建了完整的航空制造业产业链。

4. 区域经济导向型临空产业集聚发展模式

该模式主要适用于机场客运和货运规模不大,还未形成较强的流量经济,但所处区域具有较好的区位优势,资源禀赋得天独厚,比较优势明显。在内陆经济和环境的影响下,机场周边形成了独特的产业集群与区域产业相互支撑的一体化发展格局。该模式的主要特征为:临空产业与区域经济相互融合,一体化发展;航空港区一般被设为自由贸易区。如香农机场,其客货流量都不大,尚不具备国际大型枢纽机场的吞吐条件,香农自由贸易区内的产业主要依托地区优惠的税收条件、高效的服务效率、良好的产业配套环境,从全球范围内吸引了区域总部、航空制造业、高新技术制造业、主要研发机构等集聚。香农自由贸易区作为爱尔兰开放的最前沿,不仅引领着香农市的经济发展,更带动了爱尔兰开放经济的发展。在香农自由贸易区的带动下,香农自由区与区域的科技园、高校及研发机构融为一体,使香农开发区与本地经济发展相互依托,远离"孤岛经济"的发展形态。

三、促进临空产业集聚,提升郑州空港外向融合度的路径

空港经济外向融合度的含义包括两个方面:一是通过产业关联,增强航空港区与区域经济之间的支撑与互动,实现两者融合发展;二是通过参与国际分工、融入全球产业价值链,提升港区经济的外向度。地处内陆的河南,开放型经济发展处于滞后状态,郑州空港是全国首个上升为国家战略的航空港经济发展先行区。作为区域开放的重要门户,应

依托本地产业优势,促进特色临空产业的集聚,构建中部地区对外开放的平台和深度参与国际产业分工的窗口。

1. 郑州空港经济区产业发展现状与发展阶段分析

近年来,郑州航空运输的快速发展,极大地带动了港区经济的快速发展,一些国际知名企业如美国联合包裹、俄罗斯空桥、富士康等企业已进驻港区。目前港区周边已初步形成了航空物流、电子信息、食品加工三大主导产业,港区内现有产业主要有:一是以新郑国际机场为核心的航空物流及其配套服务业。二是以富士康及其相关配套企业为代表的电子信息产业,是世界重要智能手机生产基地,其对郑州市的外贸进出口带动作用较大,是港区的一大亮点。三是以台湾统一集团、花花牛乳业、好想你企业为代表的食品加工业。

总体上看,郑州临空产业相较其他国内大型枢纽机场,基础相对薄弱,发展比较滞后,新郑机场周围还未形成主导产业集群,且传统产业居多,临空指向性强的产业较少。现有产业大多处于产业链的低端环节,产业外向型程度低、产品附加值低,需要航空运输的货物比例较低。通过分析郑州空港经济区的产业发展现状,并结合空港经济区发展的一些关键性指标与其他城市进行综合比较,判定郑州空港经济区正处承接外部产业转移,或通过培育本地优势临空产业形成期。

2. 提升郑州空港外向融合度的路径

(1)依托机场的区位优势优选主导产业,促进特色临空产业集聚,走差异化发展之路。综合郑州空港经济区所处发展阶段、区位交通条件的分析,现阶段郑州空港经济发展模式应以航空物流驱动型临空产业集聚发展模式为主,以区域经济导向型临空产业集聚发展模式为支撑。因为在郑州空港经济的形成期,空港经济的发展主要依托于基础设施所产生的航空运输活动和航空制造活动(临空经济发展的基础性动力)。因此,此阶段临空产业的构成以紧密依托于机场直接衍生的航空运输活动和航空制造活动的相关产业为主。与空港客运活动相比,航空货运活动具有运量小、批次多、货运集中和方向性强等特点,对机场资源的需求如航班密度、运力投入的需求度低。因此,航空物流产业成为临空经济优先发展的产业,并依托机场的基础设施,构建起空港经济完整的航空物流服务业。同时,由于航空物流业带来的综合运输成本的下降,一些生产高附加值产品、倾向于航空运输的行业,如电子通信产品、生物医药等高科技制造业也会在区内聚集,其落户对象主要是全球高科技产业的区域转移。因此,处于形成阶段的空港经济的产业特征是具有强临空指向性的航空核心产业和部分航空关联产业。

根据以上分析,在遵循临空产业发展阶段、集聚模式选择规律的基础上,结合自身特点,现阶段对郑州港区临空主导产业的扶持上要注重特色,在产业发展规划中,优先发展机场服务业、航空物流业,重点发展适合航空运输和有时间限制并有一定产业基础的高科技电子产品、生物医药、绿色食品加工和特色花卉蔬果业,远期发展高端商务休闲、航空制造业、会展业与总部经济。

(2)加强港区与区域经济之间的支撑与融合,避免形成"孤岛经济"。上文提到郑州空港经济的发展以区域经济导向型临空产业集聚发展模式为支撑,这是因为目前郑州第二产业构成中主要是以汽车及装备制造、食品加工、有色金属等传统制造业为主,其产品的原材料、成品利用航空运输的比例较少,郑州本地主要产业的临空指向性较弱,即临空产业的区域基础较弱。因此,这种模式现阶段还不能成为主导模式。但是,未来郑州临空产业发展有没有后劲,这种模式就演变为郑州空港经济发展的重要支撑模式。着眼长远,当前应该注重临空产业与区域经济之间的协调发展。因为在本质上,空港经济区的发展与区域经济的发展是相互制约、相互促进的互动关系。空港经济区的发展必须与区域经济的发展相互融合,一旦脱离其经济腹地,空港经济区就会成为"孤岛经济"。在实践中,我们要合理统筹规划临空产业布局,注重临空产业区的经济内容和周边区域产业之间具有产业分工协作的协同性,或者产业链条的过渡性。积极推动临空产业与当地产业的产业链和产业环境的耦合。建议郑州航空港区的临空产业协调发展要打破行政界限,按照经济区域一体化发展的理念进行布局和谋划,促进港区与腹地经济产业联系的形成和增强。不仅要发展港区内产业之间的关联,而且要增强港区内产业与区外产业之间的关联,实现港区内产业的发展与区域经济相互融合和共同发展。

(3)积极承接国内外产业转移,逐步融入全球产业价值链,提升港区经济的外向度。郑州航空港是河南内陆对外开放的重要窗口,通过承接国内外的产业转移,尽快融入全球产业链和产业分工体系,使相关临空产业加速集聚在港区周边,从而有利于港区乃至整个区域的全方位扩大开放。区域承接产业转移和顺利融入全球产业价值链是建立在机场运量规模和地区的资源条件基础之上,如地区的劳动力成本、基础设施条件、经济发展状况等。在发展初期,全球产业价值链的国际转移环节必将是其价值链的低端环节的劳动密集型产业,其生产和运输成本是产业链能否进行转移的关键因素。而空港经济能否融入全球产业价值链的突破点在于能否实现承接产业的"可持续发展",即通过产业链的完善和产业集群的发展,实现产业外部规模性,由单一的成本优势转变为综合优势。提高郑州空港经济的外向度,首先,要突出新郑机场国际航空货运中心地位,进一步加强机场配套和通航能力的建设。因为机场国际通航能力的强弱,是发展临空外向型经济的基础。为此,要进一步提高郑州机场航空货运的能力,打通连接世界重要枢纽机场和主要经济体的航空物流通道,完善陆空高效衔接的综合运输体系,提升货运中转和集疏能力,以此降低运输成本,吸引境内外临空相关企业的入驻。其次,逐步改善和优化临空产业的发展环境。加强与临空产业相关配套产业的发展,如金融、物流等生产性服务业,延伸产业链,以降低交易成本,提高产业经济外部性等非直接干预措施,催生关键性、龙头性企业的入驻和发展。通过提升政府政策的稳定性和优化管理流程来引导和带动境内外的相关投资,重点吸引高科技研发、设计、结算和运营中心乃至公司总部等"微笑曲线",即两端业务环节向空港经济区转移。

04

提升郑州城镇土地利用效率的思考

郑州市社会科学界联合会　张红星

近年来,郑州市积极推动以新型城镇化为引领的经济社会转型发展,郑州经济社会发展建设取得明显成效。新型城镇化涉及人口转移、土地用途转变和产业结构调整,是一个复杂的社会、经济空间结构变迁过程,与城镇土地利用有密切关系。新型城镇化要求人口转移与土地转移相匹配、产业发展与城镇建设相协调,实现城镇土地集约利用;但实践中地方政府往往囿于筹集建设资金、招商引资的考虑,造成土地粗放利用。本文通过理论层面的分析、对郑州市"十二五"期间土地利用情况的回顾以及与全国其他大中城镇的情况对比,力求总结经验,揭示问题,促使相关部门重视提高城镇土地利用效率,以指导郑州市"十三五"期间的土地工作。

一、理论层面的分析

1. 土地在城镇经济增长中的作用

根据经济增长理论,经济增长来源于生产要素投入的增加和经济效率的提升。从经济增长理论中土地作用的认识变化,可以看出非城镇用地还是会受到土地资源有限的严格约束,所以保护耕地及生态用地对经济增长甚至人类社会的生存都具有重要意义。但城镇土地并非城镇经济增长的决定性要素,城镇经济增长更多依赖于资本和劳动的投入及经济效率的提升。地方政府之所以热衷于将农地转换为城镇用地,主要原因就在于这样做可以为本地带来大量的投资与资金;至于经济效率与土地利用的关系,却未得到足够的认识与重视。

2. 城镇土地低效使用现象及其危害

在国家对农业用地向城镇用地转换严加控制的背景下,在发展需求及经济利益驱动下的地方政府,往往为了获得城镇建设用地大费脑筋,甚至违法供地的事件也时有发生。但与此明显矛盾的是,我国城镇土地低效使用现象十分严重,突出表现为土地闲置和土地浪费,由此导致土地粗放使用带来的经济效率低下。

首先,城镇地方政府之间出于招商竞争,往往提供包括低价土地在内的优惠条件吸引投资。但这种本位主义的发展思路,注定不会在各地同时都能取得成功,彼此竞争的城镇中必然有许多要遭遇失败,这就造成由于开发区建设数量过多,规模过大,"开而不发"造成投资上的分散与浪费。从全国整体来看,导致重复建设、经济效率低下、经济增长方式粗放、能源消耗加大、环境污染严重。

其次,地方政府招商引资时可以压低土地价格、放松劳动管制和放弃环保要求,但却未充分考虑本地区位条件、资源条件,也较少考虑项目与本地优势及发展战略是否匹配,忽略引进产业与本地经济的关联性,往往导致产业引进之后经济效益不佳。

最后,土地粗放使用带来经济效率低下还表现在,降低土地出让价格的竞拍方式,造成地方财政收入流失,使得可以用于地方公共产品建设的土地收入被消耗殆尽,致使对公共产品与公共服务的提供低于社会最优水平。土地征收过程中,地方政府尽可能压低土地赔偿金额,也严重损害被征地农民经济利益。

3. 新型城镇化对土地利用提出的要求

我国普遍存在城镇土地粗放利用现象,从经济增长理论角度究其根源,就是源于重视城镇经济增长中的要素投入,而忽视集聚经济带来的效率提升作用。而新型城镇化要求坚持以人为本,以新型工业化为动力全面提升城镇化质量和水平,走科学发展、集约高效的城镇化建设路子,这就需要转变经济发展方式,注重发挥集聚经济的作用,促进城镇土地集约利用。长期来看,城市经济增长和土地利用集约度提高,可以形成一个相互促进的螺旋上升过程。

二、"十二五"期间郑州新型城镇化建设成就及土地工作评价

(一)新型城镇化成就

"十二五"时期,郑州市委、市政府遵循城镇化建设的经济规律,根据河南省委、省政府的城镇化建设指导思路,以产业集聚区为载体,促进生产要素的规模集聚和优化组合,努力构建现代产业体系、现代城镇体系、自主创新体系,几年来在城镇基础设施建设、城镇化水平提升、城镇经济增长等方面都取得较大进展。

城镇建设方面,郑州市以推进交通基础设施和生态环境建设为重点,投入了大量建设资金,极大提升了城镇基础设施承载能力。到2014年底,建成区面积由2010年的342.7平方千米增加到412.7平方千米。人口城镇化方面,郑州市坚持以人为本,围绕产业合理布局、人口合理分布的目标,切实推动一批具备条件、有意愿的农业转移人口及其他常住人口落户城镇。2014年年末,郑州市城镇化率由2010年的63.6%提高到68.2%。城镇经济增长方面,郑州市一方面加快工业结构优化升级,另一方面加快推进服务业提质增效,坚持开放创新双驱动,依托郑欧班列和航空港实验区建设,着力构建国际化现代化、开放型经济体系,着力打造内陆对外开放高地。"十二五"期间,地区生产总值从2010年的4 040亿元提高到2014年的6 777亿元,人均生产总值从2010年的47 608元提高到2014年的72 992元。

总体来看,"十二五"期间郑州市抢抓中原经济区和航空港实验区建设机遇,干成了一系列具有奠基性、战略性、标志性的大事要事。郑州市现代产业体系培育步伐明显加快,城乡基础设施建设力度明显加大,对外开放层次和水平明显提高,经济社会发展呈现了好的趋势、好的态势、好的气势,为"十三五"期间率先全面建成小康社会提供了坚实的支撑。

(二)土地工作的成效及存在问题的分析

1."十二五"期间郑州土地工作成效

郑州市近年来经济增长和城镇建设取得的成就离不开土地工作的有力支撑。"十二五"期间,郑州市深入贯彻落实科学发展观,紧紧围绕郑州都市区建设这一主线,在土地工作方面积极谋划,主动作为。首先,在郑东新区、航空港区等新区建设用地需求很大的情况下,积极争取指标,盘活存量用地,保障了国家、省市重点项目用地。同时,还通过"以地融资"协助各级政府筹措收储资金,搭建多渠道融资平台。其次,"十二五"期间,郑州市严格落实省政府下达的2020年耕地保有量不低于433.25万亩,基本农田保护面积不低于356.85万亩的目标任务,为此做了大量工作。截至2014年,郑州市已连续16年实现耕地占补平衡。最后,通过建设产业集聚区、城中村改造、清查处置存量建设用地等提升了郑州市城镇土地节约集约利用水平。

2."十二五"期间郑州土地利用存在的问题

在看到土地工作成绩的同时,也要认真分析土地利用中存在的不足,这样才能明确进一步的努力方向。

(1)城镇土地利用质量的纵向变化评价。纵向评价主要考察郑州市本身相关指标在近年来的变化,主要从土地扩张与经济增长的关系、土地扩张与人口增长的关系两个方面来分析。

1)基于土地扩张与经济增长的评价。首先来比较郑州市城镇产值增长率与城镇建成区累计增长率。以2010年的数据为基数,计算2011年以来的城镇产值增长率和建成区面积累计增长率。图1显示,城镇产值增长率比建成区面积累计增长率要高,说明郑州市城镇土地集约利用程度是愈来愈高的。

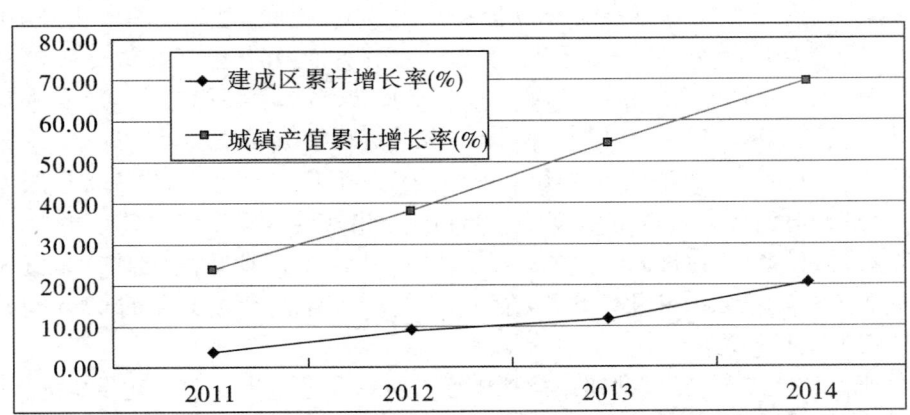

图1 郑州市城镇产值累计增长率与城镇建成区累计增长率对比图(基期为2010年)

资料来源:根据郑州市统计局数据整理

接下来看城镇地均产值的变化情况。图2显示,2011年以来,郑州市城镇地均产值呈逐年上升趋势。但是,2011年到2013年间上升较快,2010年郑州市城镇地均产值为11.43亿元/平方千米,2013年的相应数值是15.82亿元/平方千米,年均增长1.46亿元/

平方千米。但 2014 年的相应数值仅增加到 16.06，比 2013 年多出 0.24 亿元/平方千米，增长势头有放缓趋势。

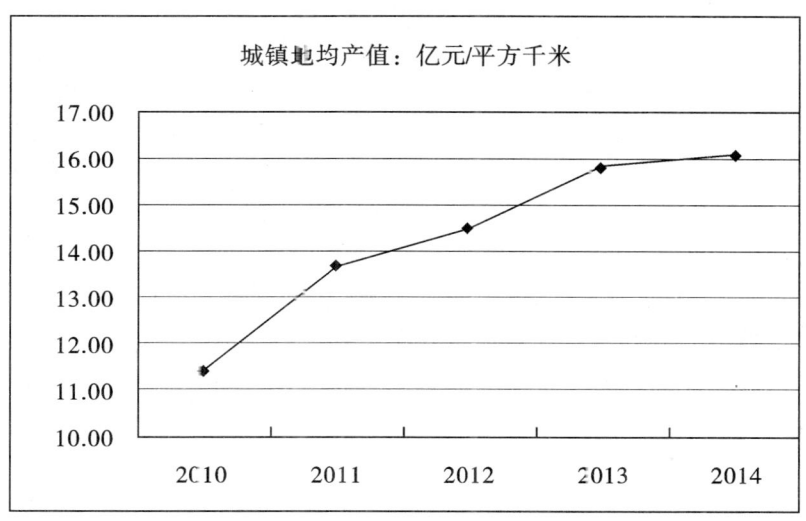

图 2　2010—2014 年郑州市城镇地均产值图
资料来源：根据郑州市统计局数据整理

总的来看，无论是从城镇产值增长率与城镇建成区累计增长率比较来看，还是从城镇地均产值变化情况来看，郑州市城镇土地利用强度都在逐步提高。

2）基于土地扩张与人口增长的评价。如果以郑州市 2010 年的城镇人口和城镇建成区面积数值为基数，计算 2011 年以来的城镇人口累计增长率和建成区面积累计增长率（见图 3），可以看到，2011—2014 年，建成区累计增长率超出城镇人口累计增长率幅度逐年增大。这个结果很直观地说明了近几年郑州市土地规模扩展有点过快。

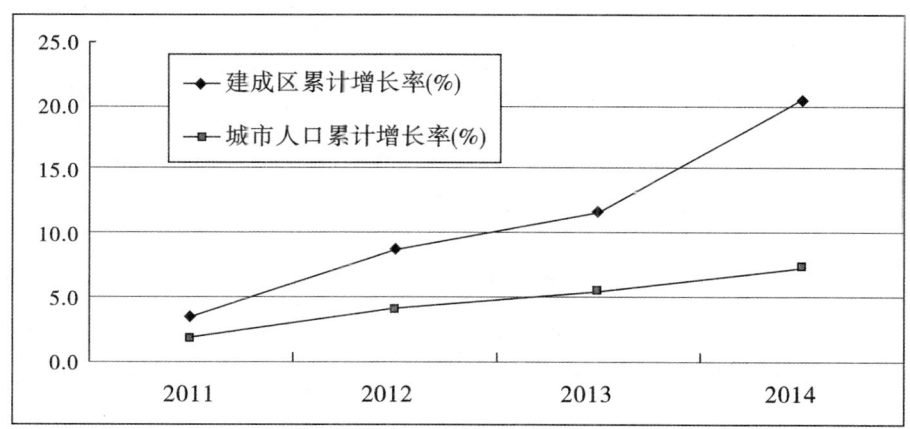

图 3　郑州市城镇人口累计增长率与城镇建成区累计增长率对比图（基期为 2010 年）
资料来源：根据郑州市统计局数据整理

当然,也有学者认为,土地城镇化快于人口城镇化虽是事实,但并不能作为城镇土地利用不够集约的有效论据。比照全球平均状况,我国城镇土地增长速度与人口城镇化速度相比并未超出常态。

(2)城镇土地利用质量的横向比较。通过前面就郑州市"十二五"期间的纵向数据分析,可以认为,郑州市城镇土地利用质量程度整体上是不断提升的。但理论分析与实际经验也表明,相对于城镇人口和城镇土地面积的匹配分析,城镇经济规模与城镇土地面积的匹配分析应该更有道理。而且,就世界各国城镇的现实情况来看,经济集聚程度都存在逐步提高的趋势。那么,就有必要通过城市之间情况的横向比较,更清醒地判断郑州市城镇土地利用质量在多个城市中处于什么位置。

众多城市构成的城市体系中,客观存在着城市的等级差异。在全国 286 个地级以上城市中,包括直辖市、省会城市、计划单列市和一般地级城市等各类行政级别、经济规模、建设用地规模差异较大的城市,可能导致统计数据十分分散。为减小这种影响,我们就分析一下情况比较接近的包括直辖市、省会城市(拉萨除外)和计划单列市在内的全国 35 个大中城市的统计数据。

首先来看 2011 年的数据(见表 1)。该组数据中,最大值为上海市的 212 948 万元/平方千米,最小值为乌鲁木齐市的 43 183 万元/平方千米,各市平均值为 91 716 万元/平方千米,中位数为 86 693 万元/平方千米,标准差为 34 652 万元/平方千米。该组数据中的最大值是最小值的 4.93 倍,极差高达 169 765 万元/平方千米,数据分布分散程度同样较大,反映城市间土地集约利用程度差异较大;各市经济密度平均值为 91 716 万元/平方千米,而标准差高达 34 652 万元/平方千米,也说明了这一点。在 2011 年的数据中,郑州市排名 29 位,较为靠后;城市地均产值数值为 64 257 万元/平方千米,既低于 35 个大中城市的平均数,也低于中位数。

表 1　2011 年全国 35 个大中城市城镇产值、建成区面积及城镇地均产值表

序号	城市	城镇产值 (万元)	建成区土地面积 (平方千米)	城镇地均产值 (万元/平方千米)
1	上海市	188 672 339	886	212 948
2	天津市	103 931 177	711	146 176
3	深圳市	114 986 265	841	136 726
4	北京市	159 057 595	1 231	129 210
5	青岛市	37 226 134	292	127 487
6	杭州市	54 847 681	433	126 669
7	宁波市	35 639 397	285	125 051
8	广州市	113 733 499	990	114 882
9	长沙市	34 877 222	306	113 978
10	武汉市	54 988 557	506	108 673

续表1

序号	城市	城镇产值（万元）	建成区土地面积（平方千米）	城镇地均产值（万元/平方千米）
11	沈阳市	46 473 868	430	108 079
12	厦门市	25 146 519	246	102 223
13	大连市	38 793 187	390	99 470
14	成都市	47 041 239	483	97 394
15	西安市	31 989 562	343	93 264
16	济南市	32 421 870	355	91 329
17	呼和浩特市	15 125 720	174	86 929
18	南昌市	18 032 173	208	86 693
19	南京市	54 275 975	637	85 206
20	福州市	18 362 845	232	79 150
21	哈尔滨市	28 794 661	367	78 460
22	西宁市	5 300 706	75	70 676
23	重庆市	73 072 410	1 035	70 601
24	石家庄市	14 636 402	210	69 697
25	海口市	6 655 784	98	67 916
26	长春市	27 956 238	418	66 881
27	合肥市	23 685 569	360	65 793
28	贵阳市	10 441 809	162	64 456
29	郑州市	22 811 295	355	64 257
30	昆明市	18 617 253	298	62 474
31	太原市	18 727 741	300	62 426
32	兰州市	10 756 339	197	54 601
33	南宁市	14 708 461	293	50 200
34	银川市	5 911 411	126	46 916
35	乌鲁木齐市	16 582 100	384	43 183

资料来源：根据《中国城市统计年鉴2012》数据整理

前文对郑州市新型城镇化建设的总结概括中，说明郑州市近几年城镇经济增长速度是大于城镇土地扩张速度的，那么，再来看一下2013年35个大中城市的数据，以了解郑州市的相对变化。该组数据中，最大值为上海市的231 696万元/平方千米，最小值为贵阳市的53 223万元/平方千米，各市平均值为105 406万元/平方千米，中位数为92 803

万元/平方千米。与2011年对应数据相比,城镇地均产值平均值及中位数水平都有较大幅度提高,说明各个城市的土地利用质量都在提升,这是经济效率提升和经济结构完善的体现。可喜的是,郑州市排名由29位上升为20位。但是,郑州市城镇地均产值仅有87 095万元/平方千米,仍然既低于35个大中城市相应数据的平均值,也低于中位数。

2011年数据分析和2013年数据分析告诉我们,"十二五"期间的几年中,郑州市城镇土地利用质量有所提高,土地利用集约程度有所强化,这是城镇建设、经济发展质量提升的表现。而且,在全国35个大中城市中,郑州市城镇地均产值名次在向前移动,更表明在全国各城市城镇化质量都在提升的同时,郑州市的提升速度相对更高。但是,郑州市2013年城镇地均产值数据仍然既低于35个大中城市的平均值,也低于中位数,更提醒我们还有很大提升空间。

四、提升郑州市土地利用质量的对策建议

"十三五"期间将是郑州市全面实现小康社会建设的关键时期,也是郑州都市区建设新三年行动计划实施时期,经济社会发展步入高速建设通道,围绕"三大一中"战略定位,"四化"同步推进,基础设施互联互通、战略性新兴产业发展对基础设施和生产性用地需求仍然很大。为了促进郑州市城镇土地集约利用,提升城镇土地利用质量,特提出如下对策建议。

1. 实现城市经济增长指导思想的转变

究其理论根源,城市政府忽视经济效率的原因,是长期以来主流经济增长理论不涉及空间问题,技术进步又是一个长期逐渐进行的过程,所以着眼点是资本数量,对集聚效益重视不够。地方政府在城市建设和城市经济增长中处于主导地位,要提升城市土地的利用质量,首先要求城市政府转变城市经济社会建设的发展理念,由依赖要素投入的规模报酬不变型增长转向发挥城市集聚效益报酬递增型增长。指导思想的这种转变,将体现在城市建设、招商引资、土地征收等各个方面,促使有关部门做到理论自信,认识到提高土地利用效率对实现新型城镇化和发展地方经济的有利性和有效性,在工作中尊重客观经济规律,量力而行,循序渐进,注重发展质量而不再过于关注增长规模。

2. 重视集聚经济的微观基础建设

根据集聚经济微观基础的研究,集聚经济源于公共基础设施建设投入的成本分摊、劳动力共享、创新和技能的扩散、集中交易的成本降低,等等。城市公共基础设施、交通道路、住房、环境改善等方面投资的增加,以及城市管理水平的提升,都有利于城市集聚经济的提升。地方政府应该改善基础设施投资的区位导向,与其将大量资金投入新区开发的道路、水电等基础设施兴建,在侵占农地的同时,"开而不发"造成投资上的分散与浪费,不如将同样的资金用于城市内部基础设施的完善和公共服务的提供,提高城市经济的吸引力,借助经济集聚效应促进城市经济增长。郑州市应总结近年来产业集聚区建设、城市更新改造、低效利用土地重新开发等方面的成功经验,严格核定项目用地投资强度、容积率、建设密度、非生产性用地所占比例等指标;项目竣工后,要对出让合同约定的建设利用条件进行实地检查核验;对造成土地闲置或达不到合同约定的土地利用条件的,要向用地单位下发限期整改单;到期未整改到位的,要采取征收土地闲置费、调整用

地单位、收取违约金、收回土地使用权等措施严肃处理。要在更大范围、以更大力度推广实施成功经验,从而提高城镇土地的利用效率。

3. 积极促进土地管理工作创新

在我国步入经济新常态的大背景下,城市政府要用好用活政策,强化效率效益,加强事前事中事后监管,健全规范化、精细化管理,积极进行土地管理工作创新的探索。

首先,近几年政府性和市场性配置国土资源方式相辅相成,发挥了极大的作用,有力促进了郑州市、区建设发展。但是,受行政干预影响,保护主义严重,恶性竞争和竞争不足并存的问题,也在一定程度上降低了资源配置效率。新常态下,市场在资源配置中的决定性作用将不断深化,建立完善"公开透明、竞争有序、统一开放"要素市场的步伐加快,要求我们必须完善市场规则和定价机制,扩大资源有偿使用范围,切实提高资源市场化配置程度。

其次,国土资源管理方式正在发生重大变化,由重事前审批转向重事中、事后监管,由注重微观管理转向加强和改善宏观调控,由偏重行政手段转向经济、法律、技术和必要的行政等手段的综合运用。简政放权,下放事权,删减不必要的行政审批环节,压缩审批时限,这几年郑州市取得了一些成效,但在一定程度上依然制约着建设发展用地的质量、效率和进度。存量闲置建设用地整治专项行动暴露出的各级政府和各级国土资源管理部门存在的重增量轻存量,重审批轻供应,重前置轻监管的"三重三轻"问题,惯性思维影响严重的现象,这应该是郑州市转变工作方式攻坚"破笔"的重要工作,加大调控方式转变、依法管理、依法行政力度,实现管理方式转变。

再次,土地供给方面,完善城市新增用地供给机制,可以倒逼用地企业更加重视提高经济效率,在提高城市土地集约利用水平的同时,促进经济增长方式的转变。郑州市要根据土地利用总体规划,研究制订与招商引资计划以及拟引入项目类型规模相符的土地利用计划,推动产业集聚和生态建设协调发展。按照"快调、快用"原则,加强规划局部修改调整工作,指导经济主体和有关部门做好项目相关工作,解决"重点、急需、困难"的建设项目用地难题。

当前我国农业用地向城市建设用地转换环节的问题,是农地征收补偿数额过低,使得政府可以以很低的成本获得土地资源,然后再高价出让获取高额土地出让金,或者有很大的回旋余地以土地为筹码招商引资。这种情况下,城市土地供给很大程度上是基于地方政府以地生财的目的。为了杜绝这种现象,应该增加农地征收补偿数额,提高农地转换成本。农地征收价格的确定,应该与城市经济增长相联系,与同期城市用地价格保持协调。农地征收补偿资金的分配,要由失地农民、农村集体、中央政府、地方政府合理确定,尽量降低地方政府土地出让收入导向的征地冲动。这样也有利于严守耕地红线,统筹解决好建设发展中涉及的耕地占补平衡问题。

同时,要认真抓好划定城市开发边界工作。深入贯彻中央城镇化工作会议精神,落实《国家新型城镇化规划(2014—2020年)》的相关要求,按照国土资源部和住房城乡建设部共同制定的《城市开发边界划定试点工作方案》,认真抓好划定城市建设用地开发边界工作,把"红线"在规划上落地划死,优化城市布局和形态,提高建设用地效率。

05

郑州创新驱动发展问题研究

郑州航空工业管理学院　卞雅莉

创新是时代发展的主旋律。在2018年8月召开的全市科技创新大会上,郑州市委、市政府公布《关于贯彻落实国家创新驱动发展战略纲要的实施意见》(以下简称《意见》),聚焦科技创新这一核心,为推动全市实现创新驱动发展划出明确路径。这也是郑州市今后一段时期实施创新驱动发展战略的纲领性文件。

一、三步走:力争成为全国创新创业中心

第一阶段:到2020年,全市自主创新能力显著增强,高新技术产业实现跨越式发展,创新人才队伍日益壮大,开放创新支撑体系协同完善,建成国家创新型城市。构建具有国际竞争力的创新创业生态体系,成为全国创新创业中心。

第二阶段:到2030年,迈入创新型城市前列。研究与试验发展(R&D)经费支出占生产总值比重达到3%;科技支撑引领作用突出,在若干战略领域处于全国前列;主要产业进入全国价值链中高端,新技术、新产品涌现,新模式、新业态增长迅速。

第三阶段:到2050年,建设成社会可持续发展水平高、区域辐射带动力强的创新型强市。科技和人才成为社会发展的重要战略资源,劳动生产率、社会生产力提高主要依靠科技进步和全面创新,拥有一批高水平的科研机构、研究型大学和创新型企业,成为高端人才创新创业的集聚地。

二、郑州创新驱动发展"三步走"发展目标

第一阶段到2020年,建成国家创新型城市,成为全国创新创业中心。

第二阶段到2030年,迈入创新型城市前列。科技支撑引领作用突出,在若干战略领域处于全国前列;主要产业进入全国价值链中高端。

第三阶段到2050年,建设成社会可持续发展水平高、区域辐射带动力强的创新型强市,成为高端人才创新创业的集聚地。

三、十大领域:推动产业向中高端迈进

《意见》从十大领域明确了具体实施内容,既主动对接国家任务,又符合本地实际和经济社会发展需求。其中包括以下方面内容。

(1)智能终端。着力引进培育一批智能终端(手机)整机品牌,带动芯片、整机研发、核心配套、应用开发、内容服务等环节同步发展,基本呈现全产业链发展格局,形成智能

终端(手机)产业生态系统,建设全球重要的智能终端(手机)生产基地、一流的智能终端(手机)交易物流中心。

(2)软件与信息技术服务。大力发展软件与信息服务业,深化软件与网络融合,加强应用软件开发与大数据、云计算等信息技术的应用开发,推动信息技术服务向网络化、专业化方向发展,促进技术创新、业态创新和商业模式创新。

(3)网络与通信。大力发展光通信、量子通信、民航通信等核心技术,发展未来网络、下一代互联网、新一代宽带无线接入技术、低功耗智能终端等核心技术,构筑较为完善的多层次、立体化、全覆盖的高速网络,为郑州市全面建设"智慧城市"奠定网络基础。

(4)先进制造。重点提升电子信息、新能源、汽车及装备制造、节能环保等领域的装备技术水平,掌握一批智能制造关键技术与共性技术,打造高端制造基地。围绕高端制造、智能制造、精密制造、增材制造等,重点发展战略新兴产业与高技术产业的共性核心技术,提升关键基础件和通用件的自主设计制造水平。

(5)新能源汽车。以纯电驱动为主要战略取向,重点发展纯电动汽车、智能电动汽车、插电式(含增程式)混合动力汽车,超前布局燃料电池汽车,加快推进产业化。

(6)新材料。在超硬材料、耐火材料、金属材料、高分子材料、先进复合材料等领域加大研发力度,形成一批具有知识产权的关键或共性技术。推动新材料技术的突破和发展,不断催生新的产业领域。

(7)新能源。积极发展风电、太阳能、生物质能、智能电网等关键技术、装备及系统。重点发展核心装备,形成对产业链的配套能力;突破产业共性关键技术和先进工艺,抢占产业发展的主导能力;加强新能源之间及其与传统石化能源的协调配合、电源建设与电网规划的协调配合,实现能源之间的优势互补。

(8)生物与生命健康。积极开展新型诊疗、生物制剂、医疗器械等关键技术,力争使郑州发展成为国内重要的生物医药创新中心与国内一流的健康产业集聚基地。重点支持创新药物、医疗器械、新型生物医药材料研发和产业化,支持老年人、残疾人专用保健用品、康复辅助器具研发生产。

(9)节能环保。大力发展高效节能、先进环保和循环应用等关键技术、装备及系统。重点突破环境诊断与修复、环境质量提升、新型节能等共性关键技术。以垃圾处理、脱硫脱硝、土壤修复、环境监测等为重点领域进行技术研发。推进城市建设模式向资源节约型和环境友好型转变,建设国家生态宜居低碳示范城市。

(10)都市型现代农业。推进河南郑州国家农业科技园区建设,开展都市农业、设施农业、循环农业等技术研发与应用,加快发展智慧农业、农产品物流业及电子商务。加强生物育种技术与传统育种方法相结合,构建商业化育种体系,推进现代种业快速发展。

四、九大任务 科技创新全面发力

针对郑州经济竞争力提升的核心、社会发展的紧迫需求,《意见》围绕九大重点任务全面进行部署。

(1)强化企业创新主体地位。今后郑州市将积极引导人才、技术、资金等创新要素向企业集聚,发挥市场对技术研发方向、路线选择和各类创新资源配置的导向作用,促进企业真正成为技术创新决策、研发投入、科研组织和成果转化的主体。

（2）围绕产业链部署创新链。今后，郑州市将支持高校科研院所学科平台建设，加强新兴产业创新平台建设、推进科技资源共享平台建设，在主导产业的基础研究、技术开发、中试生产等创新链的前端环节重点建设一批研发平台，以平台建设促进资源集聚。

（3）推进创新改革试验区建设。建设郑州国家自主创新示范区。以"一区四园多点"为主体架构，将其打造成为引领全市乃至全省创新发展的核心增长极。

（4）大力推动大众创业万众创新。积极推进创新创业载体建设，推动众创众包众扶众筹发展，开展多种形式的产品创新、业态创新与商业模式创新，促进大众创新创业链快速完善。

（5）加速科技成果转移转化。加强科技成果转移转化平台建设，完善科技成果转移转化机制，健全协同规范的技术转移服务体系，为科技创新构建全链条的科技服务。

（6）加强科技创新人才队伍建设。围绕创新链布局人才链，大力培养与引进科技领军人才、高技能人才、创新型企业家，不断壮大高端人才队伍。优化人才培养机制，促使人才引得进、留得住。

（7）促进科技与金融紧密结合。创新财政科技投入方式，探索科技金融投入新模式和运行机制，引导金融资本投入科技创新，建设国家促进科技和金融结合试点城市，构建多元化、多渠道的科技投融资体系。

（8）加快科技开放创新步伐。坚持引进来与走出去相结合，积极主动融入全球创新网络，吸纳全球创新资源，在更高层次上构建开放创新机制。

（9）实施知识产权、标准、质量和品牌战略。加快建设和不断提高知识产权的创造、运用、管理和保护能力，建立健全先进技术标准体系，加快质量强市建设和品牌建设，积极培育形成以技术、标准、品牌、服务为核心的质量新优势。

五、郑州市实现创新驱动发展策略研究

1. 经济发展驱动力量的理论分析

从要素驱动到投资驱动再到创新驱动。创新驱动最早由迈克尔·波特提出，他以钻石理论为研究工具，以竞争优势来考察经济表现，提出国家经济发展的四个阶段，即生产要素驱动阶段、投资驱动阶段、创新驱动阶段和财富驱动阶段。要素驱动阶段是经济发展的第一个阶段，随着区域竞争力的不断增强，经济发展进入投资驱动阶段，最终区域经济发展进入创新驱动阶段，在这一阶段，只有能够生产新的、独特的产品才能够继续生存，区域竞争力的主要来源为：不断地研发新的产品，利用复杂的生产流程制造新的、独特的产品。

2. 郑州实施创新驱动发展的SWOT分析

通过SWOT分析法，分析影响郑州创新驱动发展的4类关键因素即优势（S）、劣势（W）、机遇（O）和威胁（T），并构建郑州创新驱动发展的SWOT矩阵。加快自主创新体系建设，促进创新驱动发展，采取优势机遇发展战略，充分利用郑州自主创新的内部优势和把握外部有利机会，加快构建自主创新体系，并同时注重劣势和挑战发展战略。

3. 借鉴发达地区创新驱动经济发展的经验

国家提出2020年创新型国家的目标后,许多地区都提出了相应的发展战略。但不同地区的发展阶段不一,不可能同步成为创新型地区。针对郑州经济发展在全省乃至全国的位置,重点借鉴发达地区创新区域发展的成功经验。选取苏州等创新型城市作为借鉴对象。

4. 郑州创新驱动发展存在的突出问题

在市委、市政府的高度重视和正确领导下,郑州市创新环境逐步优化,创新能力显著增强,科技创新对经济发展的支撑作用进一步显现,创新型城市建设取得丰硕成果。但是,从总体上讲,郑州创新能力不强,创新要素不足,自主创新还存在不少突出问题,还不适应支撑全市经济社会又好又快发展的要求制约了经济社会的科学发展。郑州在人才素质、产业基础、资金投入、知识存量等创新资源方面存在不足,原因在于科研教育资源少、产业结构与创新资金投入体制不合理、知识创新激励机制不完善。

5. 郑州增强创新驱动发展动力的对策建议

(1)以创新驱动作为转变经济发展方式的抓手,走出一条从科技强到产业强、经济强的发展新路径,郑州发展要有跨越发展的思路和思维,切实加快自主创新体系建设。

(2)借助国家对河南经济发展的政策支持,大力发展郑州的主导产业集聚。如郑州航空港发展临空经济、航空产业,智能终端等主导产业集聚,高新区发展电子信息产业集聚。

(3)围绕《实施意见》的九大任务,向科技创新全面发力。

(4)不同经济发展阶级,政策需求的着力点存在显著差异。在创新驱动阶段,政府最重要的影响力在于创造高级的生产要素,提升需求质量,如设定严格的产品标准、提高健康保险和环境保护等领域的水平。而竞争力的提升主要依靠:高等教育和培训,高效的商品市场,运转良好的劳动力市场,发达的金融市场,从现有技术中获利的能力,一个巨大的国内或国外市场。根据创新驱动政策需求,结合发达地区经验,从供给政策、需求政策和环境政策三个方面梳理增强郑州市创新驱动发展动力的政策需求。

06

关于加快供给侧结构性改革推动郑州经济提质增效的思考与建议

中共郑州市委政策研究室　王丰艳

推进供给侧结构性改革,是适应和引领经济发展新常态的重大创新,是适应我国经济发展新常态的必然要求。"十三五"时期,世界经济处于后金融危机时代的复苏关键期,国内经济社会发展全面进入新常态,郑州发展面临重大机遇和挑战,要实现新跨越,必须全面理解和加快推进供给侧结构性改革,着力提高供给体系质量和效率,增强经济持续增长动力。

一、关于供给侧结构性改革

供给侧结构性改革,即从供给侧入手,针对经济结构性问题及体制性障碍而推进的改革;或言之,就是把结构性改革聚焦在供给侧,聚焦在一些重大的供给体制上,是一种强调在供给角度实施结构优化、增加有效供给的中长期视野的宏观调控。2015年11月,党中央正式提出了这一命题,12月中央经济工作会议强调要"着力推进供给侧结构性改革,提升全要素生产率,推动经济持续健康发展"。要全方位了解"供给侧结构性改革"这个关键命题,从而有针对性地开展工作,需要从4个方面对其内涵进行把握。

一是清晰判断形势,认识供给侧结构性改革的必要性。目前,经济状态受到一些周期性矛盾和国际普遍经济情势的影响发展缓慢,但是制约发展的主要矛盾仍集中在自身经济结构方面,而这些结构性的矛盾又主要发生在供给侧,本质上就是供给侧结构的失衡,而需求侧呈现出的一些主要矛盾也是源于这种失衡。在这种情况下,经济不可能再通过短期需求端的刺激实现持续反弹,根本解决方法在于从供给端入手进行结构性改革,即在适度扩大总需求的同时,着力加强供给侧结构性改革,实现由低水平供需平衡向高水平供需平衡的转变,为经济的长远发展筑牢根基。

二是理解政策起始,明确供给侧结构性改革的重要性。从时间顺序上看,"经济新常态"是最早做出的判断,继之是五大发展理念的形成,随后是供给侧结构性改革决策的提出,从发现问题到分析问题,再到解决问题,三者联系起来构成了一个严密的经济社会发展理论。其中,供给侧结构性改革尤为关键,是深化经济改革的一项具有重要战略意义的决策,是适应、把握、引领新常态的"落脚点"。从发展规律上看,供给管理得好才能确保经济的长期均衡发展,但由于政府干预对市场机制有挤出效应,所以实施供给侧结构性改革,短期内发展速度会慢一点,各方面承受的改革成本会大一点,政策效应的显现需要时间,但这样的改革对实现创新发展是必要的,在新常态下,供给侧结构性改革是问题的必经关口,是唯一选择。

三是把握政策内涵,明确供给侧结构性改革的重点。习近平总书记在中央财经工作会议上强调:供给侧结构性改革的根本目的是提高社会生产力水平,落实好以人民为中心的发展思想。结合当前形势,推进供给侧结构性改革,重点是解放和发展社会生产力,就是要用改革的办法推进结构调整,减少无效和低端供给,扩大有效和中高端供给,增强供给结构对需求变化的适应性和灵活性,提高全要素生产率,更好地满足广大人民群众的需要,促进经济社会持续健康发展。

四是明确政策边界,破除对供给侧结构性改革的误解。目前对供给侧结构性改革主要存在两种误读。一种是认为推进供给侧结构性改革就是实行需求紧缩。另一种是认为推进供给侧结构性改革是搞新的"计划经济"。对于第一种误解,我们的政策是适度扩大总需求和调整需求结构的同时,着力加强供给侧结构性改革,把改善供给结构作为主攻方向,在推进供给侧结构性改革过程中,需要营造稳定的宏观环境,在需求政策上,既不能搞强刺激,也要防止出现顺周期紧缩。与第二种误解恰恰相反,目前所提出的供给侧结构性改革就是要充分发挥市场在资源配置中的决定性作用,通过进一步完善市场机制,矫正以前过多依靠行政配置资源带来的要素配置扭曲现象。这是社会主义市场经济在新形势下的完善和深化,绝不是要回到计划经济的老路上。

二、郑州供给侧改革面临的问题

在全球经济复苏艰难曲折,国内经济"三期叠加",下行压力持续加大的严峻形势下,市委、市政府积极为经济发展新常态,制订实施了一系列长短结合、标本兼治的政策措施,支撑带动主要经济指标整体好于全国、全省平均水平,经济运行质量效益不断增强。但是对照推进供给侧结构性改革任务和要求,郑州市经济社会发展中还存在一些矛盾和问题。

(一)产业结构性问题依然突出,与迈向中高端水平的发展要求不适应

近年来,郑州市加快推进产业结构转型升级和现代产业体系建设,一产比重持续下降,三产比重不断提高,三次产业比由2010年的3∶54.6∶42.4调整为2015年的2.1∶50.3∶47.6,实现了服务业增长比重超过工业、工业中战略性新兴产业比重超过传统高耗能产业的历史性突破。但总体看,郑州市长期积累的结构性矛盾尚未根本性扭转,主导产业竞争力不强、技术水平较低和依赖原材料产业的状况尚未根本变化:一是一、二、三产业整体比例日趋合理,但三次产业整体发展水平不高;二是工业作为供给侧结构性改革的主战场,六大高耗能产业比重虽然下降,但行业增加值比重仍达40%,远高于周边省会城市(武汉29%、合肥16%),绿色低碳产业比重较低;三是虽然服务业占比持续提高,但仍低于全国平均水平1.9个百分点,近两年增速一直徘徊在6%左右,现代服务业、生产性服务业等高成长性服务业占比不足10%,而房地产业占比达11.8%,同时房地产市场存在结构性过剩。

(二)新旧产业衔接不到位,新旧动力转换任务重

一方面,受严峻复杂的宏观经济环境和下行压力影响,国内大宗商品市场需求不足,

特别是汽车市场行业低迷状况短期内难以改观,导致汽车及装备制造业对全市经济增长贡献度持续下滑;有色、电力、煤炭等传统行业下滑态势尚未触底,加上经济增速放缓、环保要求提高,生产经营困难加剧,亟待转型;支撑工业经济增长和转型升级主要动力的工业投资,自2012年以来连续个位数增长,在中部六省省会城市中垫底。另一方面,增长较快的新材料、生物医药等战略性新兴产业发展迅猛但还不够强大,短期内难以抵消传统支柱产业的下拉作用,经济企稳回升的内生动力不强,经济全面向好的基础还不稳固。

(三)创新基础相对薄弱,高层次人才缺乏,科技创新能力还不是很强

结构调整、动力转换,核心需要坚持创新发展,通过创新提供新供给,通过技术创新促进产业创新、管理创新、体制创新、组织模式创新,实现产业的高端化和经济形态的现代化。在创新方面,郑州市起步相对较晚,近年来虽然相继出台了一系列政策举措,但是在创新创业、人才引进培育等方面,与武汉、南京、杭州等先进地区相比,与郑州都市区建设的需要相比,与满足多样化、个性化消费的需求相比,都还有很大的差距。尤其是高层次人才相对缺乏,目前全市仅有省级以上重点实验室29家、国家级企业技术中心14家,远低于武汉的133家、28家,合肥的136家、28家;拥有在郑"两院"院士11人,远低于武汉59人、长沙27人、合肥51人;另一方面技能型人才异常短缺,目前全市技能人才占从业人员的17%,高技能人才仅占技能人才的12.9%,与国家到2015年高技能人才需占技能劳动者27%的目标差距较大,高技能人才存量和结构与经济社会发展实际需求不适应、不匹配。

(四)企业生产经营成本较高,削弱了实体经济盈利能力

"高成本是供给侧最致命的硬伤"。虽然近年来郑州市通过不断深化行政体制改革、全面实施"五单一网"制度、认真落实结构性减税政策、持续深化金融支持小微企业"1+4"推进机制等措施,政务服务环境不断改善,市场主体活力不断释放,但受全国性的劳动力成本持续上升、利息支出、物流成本上升等因素影响,企业生产经营仍然面临较大压力。特别是由于资金供应总体偏紧,银行优先发放贷款利率较高的项目,企业尤其是工业企业融资成本上升较快,部分制造业转行或拓业从事房地产业,"脱实向虚"现象一定程度存在。初步统计,2015年全市规模以上工业主营业务成本增速高出主营业务收入增速2个百分点左右,利润总额增速同比下降近1个百分点;工业增值税增速低于全市税收增速近8个百分点。

(五)教育、医疗、食品等民生领域产业供给不足

当前,均衡化公共服务需求仍是人民群众的最主要需求。近年来,郑州市围绕郑州长远发展需要和群众"七个更"期盼,以民生"十件实事"为主抓手,持续加大民生投入,着力推进民生改善,但由于郑州市过快的人口增长和长期的历史欠账,导致民生产业覆盖低、优质资源少、保障程度不高,上学贵、就医难、食品安全等现象仍普遍存在,就业、就医、就学等条件与群众需求还有不小差距,公共服务供给仍然呈现较大不足。

三、几点建议

推进供给侧结构性改革,必须联系郑州实际,充分把握郑州市实现"两个率先"、建设国际商都的目标要求,在全面把握宏观政策、产业政策、微观政策、改革政策、社会政策"五大政策支柱"和去产能、去库存、去杠杆、降成本、补短板"五大任务"的基础上,注重激活供给侧的"四大要素",紧扣劳动力、土地、资本、创新等方面推进供给侧结构性改革。

1. 促进过剩产能有效化解,促进产业优化重组

郑州既存在低层次产业的产能过剩,也存在高品质产品和服务有效供给的不足,一些产业、产品层次低、附加值不高,不能满足个性化、优质化消费需求。要加快产业转型升级,朝高端化、智能化、绿色化、服务化方向,实施好对接《中国制造2025》、"互联网+"行动计划,构建现代产业体系,发挥优势主导产业对生产力重新整合作用,提升供给效率。

2. 加快推进新型城镇化建设以促进劳动力优化配置

通过优化劳动力配置,继续释放和创造人口新红利,弥补由于人口老龄化带来的生产要素规模驱动力减弱的趋势。加快新型城镇化建设步伐,推进户籍制度改革和住房制度改革双管齐下,既有助于提供有效供给、加快城镇化进程,也将消除对劳动力合理流动的束缚,创造需求、消化地产库存。深化户籍制度改革,加快实施居住证制度,全面放开县(市)、建制镇、产业集聚区的落户限制,促进有能力在城镇稳定就业和生活的农业转移人口进城落户。深化住房制度改革,建立"政府引导、市场化运作"的房屋租赁市场体系,出台鼓励农民到县城、镇区、组团新区购房落户政策,加快农村转移人口市民化。深化职业教育改革,加强职业教育培训,提高劳动者素质。

3. 加快制度改革以促进土地和资本的高效利用

加快土地利用总体规划调整完善,实施新增建设用地计划指标精准配置。深入推进城镇低效用地再开发、完善产业用地政策、推进国有建设用地使用权网上交易等工作,推进国土资源节约集约利用。认真做好房地产用地市场调控,强化有效供给。完善国有和集体土地上房屋征收与补偿的相关规定,助推投资项目落地。巩固农村土地确权登记工作成果,加快推进农村土地流转。探索实行"股田制",鼓励农民以土地承包权入股,以村镇为单位注册成立农业发展股份有限公司,支持引入城市工商资本,促进农村生产组织的现代化和公司化。加强基础设施投资,推进城建项目和公共服务向社会资本开放,推广政府和社会资本合作(PPP)模式,提升资本使用效率。

4. 加快推动"双创"以提升全要素生产率

坚持把创新摆在发展全局的核心位置,通过加强创新,提升要素投入的综合效率,为经济发展注入新动能。以创建国家自主创新示范区为引领,加快实施创新驱动战略,强力推进"大众创业、万众创新"。强化企业创新主体地位,鼓励企业加大研发投入,积极引导人才、技术、资金等创新要素向企业集聚。扩大高校、科研院所科技成果转化处置权限,加强对知识产权的保护。深化科技体制改革,建立完善科技资源统筹、科技成果转化、科技金融结合、科技人才激励等体制机制,全面激发企业、政府、高校和科研机构的创新活力,促进技术进步,真正实现由要素驱动向创新驱动和提高全要素生产率转变。

5. 进一步发挥"一带一路"倡议以及构建对外经济开放新格局在需求侧对结构性改革的支持作用

全面融入国家"一带一路"倡议,充分利用两个市场两种规则,着力提升开放质量和层次,以开放拓空间、强增量、优存量。加快构建面向国际化的大开放平台,以自贸区、跨境电子商务试验区、国际陆港、郑欧班列、保税区、服务外包示范城市等建设为载体,加强国际产能和装备制造合作,为资本输出和企业国际化经营创造良好条件。海外市场的拓展将会进一步缓解产能过剩、提升企业生产服务质量和技术创新水平。深化与"一带一路"沿线国家的合作、与欧美等技术和服务外包业务多的国家的合作,开展一批具有国际影响力的对外人文经贸合作交流活动,推进一批高层次、高端化的技术和产业项目合作。

郑州航空港跨境电子商务 SWOT 分析

郑州大学西亚斯国际学院　高亚瑞

郑州航空港区是国家批准的首个航空港经济发展先行区,作为国家级新区与中原经济区的核心增长极,发展跨境电子商务不仅能促进郑州的经济发展,更能推动整个中原地区的经济崛起和国家经济的均衡发展。为了充分发挥港区作为中原经济区的核心增长极作用,本文用 SWOT 方法全方位科学地分析郑州航空港经济综合实验区所具有的优势和劣势,剖析港区在开展跨境电子商务中所面临的问题,探寻解决问题的对策,以推进港区跨境电子商务健康快速发展。

一、郑州航空港区开展跨境电商具有重要的战略意义

1. 发展跨境电子商务有利于促进郑州航空港区综合发展

跨境电子商务作为推动经济一体化、贸易全球化的技术基础,具有非常重要的战略意义。跨境电子商务不仅冲破了国家间的障碍,使国际贸易走向无国界贸易,同时它也正在引起世界经济贸易的巨大变革。对企业来说,跨境电子商务构建的开放、多维、立体的多边经贸合作模式,极大地拓宽了进入国际市场的路径,大大促进了多边资源的优化配置与企业间的互利共赢;对消费者来说,跨境电子商务使他们非常容易获取其他国家的信息并买到物美价廉的商品。所以,跨境电子商务发展空间很大、前景广阔。2012年2月,国家发展和改革委员会、海关总署等八部委联合发布《关于促进电子商务健康快速发展有关工作的通知》,指出"组织利用各示范城市的地方电子口岸平台资源,推动地方电子口岸开展跨境贸易电子商务服务"。积极有效地开展跨境电子商务有利于促进郑州航空港区外贸的快速发展,加大服务业比重,优化产业结构;有利于突破城市的地理空间和自然资源限制,提高经济影响力和辐射力,增强在全球经济格局中的竞争优势;有利于降低物质资源和能源的消耗,减少环境污染,发展绿色经济;有利于发挥港区核心增长极的作用。

2. 跨境电子商务成为郑州航空港区发展的重要任务

跨境电子商务和电子支付业务正在成为电子商务和电子支付最新热点,给人们的生活方式带来巨大的变化。2013 年,中国跨境电子商务进出口交易额总体规模已达到 3.1 万亿元,同比增长 34.0%。随着电子商务应用的发展,跨境电子商务引起了河南省有关部门的重视,积极推进电子商务的发展。2011 年 10 月河南省启动跨境贸易人民币结算工作,该业务可以为跨境贸易与电商投资打通更加便利的金融渠道。2011 年 11 月,郑州市成为五部委确定的首批 23 个"国家电子商务示范城市"之一。2012 年 5 月郑州与上

海、重庆、杭州、宁波一同成为国家跨境贸易电子商务服务试点工作首批试点城市。同期,郑州市郑东新区被商务部批准为国家级电子商务示范基地。海关总署同意《郑州市跨境贸易电子商务服务试点实施方案》,进行跨境贸易的小微企业可通过电子平台直接完成报关等手续,加快流通速度。目前,已有阿里巴巴、菜鸟科技、百度、淘宝、京东商城、苏宁控股、惠普、UPS 等知名电子商务和物流企业相继入驻河南,开展电子商务的中小企业已经超过了40%,已经建成了一批国家级、省级电子商务示范基地、示范企业和电子产业园。

二、基于 SWOT 分析郑州航空港区开展跨境电商

(一)优势条件

(1)区位优势和航空物流体系支撑。郑州航空港区是国家级新区与中原经济区的核心增长极,是竞争力强的国际航空货运枢纽,具有完善便捷的空陆联运体系。首先,郑州航空机场是国内八大枢纽机场之一,一类航空口岸;其次,"三纵两横"的高速公路网、"五纵六横"的干线公路网以及"米"字形的铁路网,保证航空、公路、铁路高效衔接,形成陆空联运体系,实现客运"零距离换乘"和货运"无缝衔接",为跨境电子商务的发展提供有效的和有力的物流支撑体系。

(2)政府的支持。郑州航空港区的发展吸引了社会各界的密切关注,政府部门也高度关注其发展,积极引导郑州航空港区跨境电子商务发展。为了营造一个有利于其发展的环境,国家部门纷纷出台相关政策和措施,旨在建立和完善电子商务发展的公共基础设施,帮助航空港区清除发展道路上的障碍。2010 年 10 月,国务院正式批准设立郑州新郑综合保税区。政府的支持让郑州航空港区跨境电子商务的发展如虎添翼。

(3)中原城市群和实体市场支撑。以郑州为中心,以洛阳为副中心,开封、新乡、焦作、许昌、漯河、平顶山、济源等地区性中心城市为节点构成的中原城市群,资源丰富,城市互动优势明显。华南城、小商品城、服装商贸城等众多批发市场在郑州聚集。郑州航空港区的食品加工、医药制造、钢铁加工等产业发展良好。电子信息、生物医药等高科技产业也在快速发展,实体市场的货源支持和中原城市群的资源互动,都为郑州航空港区发展跨境电子商务提供了良好的市场支撑。

(二)郑州航空港区发展跨境电商的劣势

(1)跨境电子商务发展起步晚、基础薄弱。郑州航空港区的跨境电子商务起步较晚,与同批跨境电子商务试点城市相比还有很大的差距。跨境电子商务的基础相对薄弱,在技术和人才方面都有欠缺,虽然随着试点城市的设立和保税区的成立,郑州航空港区的跨境电子商务发展迅速,但是由于电子商务基础薄弱,也带来了许多资源的浪费。

(2)缺少专业的跨境电子商务人才。人才是引领行业发展的重要资源,随着郑州航空港区跨境电子商务的迅速发展,对跨境电子商务的专业性人才需求日益迫切。郑州航空港区要想更好地开展跨境电子商务,首先需要一批专业的、高质量的跨境电子商务人才。然而,由于跨境电子商务属于新兴产业,人才储备量本身不足,同时高校电子商务人

才培养体系与企业需求脱节,电子商务专业人才输出量减少。部分有经验的跨境电子商务人才也去了杭州、深圳等电子商务发展相对成熟的大城市谋求发展。中高级人才严重流失,进一步加剧了郑州航空港区开展跨境电子商务过程中专业人才的紧缺,出现了巨大的人才缺口。

(3)物流成本高、速度慢。物流作为连通买家和卖家的贸易纽带,是买家对整个购物体验满意度的重要依据,也是跨境电子商务发展的重要环节。随着郑州航空港区跨境电子商务的飞速发展,对物流的时效性需求更为强烈。跨境物流很多都依靠航空,这无疑增加了物流成本。虽然郑州航空港区有着优越的区位和交通优势,但是相比沿海发达城市,物流发展基础薄弱,基础设施不完善,信息化程度不高,跨境物流体系建设不合理,还不能满足快速增长的跨境电子商交易需求。目前,物流已经成为郑州航空港区开展跨境电子商务的重要瓶颈。

(三)郑州航空港区发展跨境电商的机会

(1)跨境电子商务市场前景广阔。近年来,随着互联网的普及,全球网民数量不断增长,加上全球经济的高速发展和人们生活模式、购物习惯的改变,网络购物成为国家新的经济增长点,国际市场的需求量不断增加。随着新郑综合保税区、保税物流中心的建立,郑州航空港区的开放条件不断完备。数据显示,郑州市电子商务交易在2014年较同期增长35%,网络零售额达到500亿元,较同期增长42%,从目前的发展状况来看,预计2020年郑州市的电子商务交易额将破万亿元,跨境电子商务交易额有望突破2000亿元。届时,网络零售额将占据社会零售总额的30%以上。由此可见,跨境电子商务未来的发展前景十分广阔。

(2)跨境电子商务试点城市等一系列政策机遇。针对目前我国跨境贸易电子商务中普遍存在的清关难、结汇难、退税难等问题,国家出台跨境试点城市政策,希望通过试点改革,解决目前跨境电子商务发展的困境,实现跨境电子商务未来的良好发展。郑州作为首批跨境电子商务试点城市,在政策上享受了特殊的优惠,先后成立了郑州航空港区综合试验区、新郑保税区和保税物流中心,为郑州航空港区的跨境贸易电子商务发展提供了十分难得的机遇。

(3)跨境电子商务平台不断建设。目前,郑州航空港区正加快跨境电子商务资源的整合,加快推进跨境电子商务平台的上线,实现郑州航空港区一体化综合跨境服务。经过新郑综合保税区建立和保税物流中心的成立,郑州航空港区迎来了电商企业和物流企业的大量入住,目前郑州已有万国优品、保税国际、中大门三家跨境电子平台的上线运营,为郑州航空港区发展跨境电子商务提供了很好的平台和机遇。

(四)郑州航空港区发展跨境电商所面临的威胁

(1)外部市场竞争激烈。随着跨境电子商务的迅速发展,更多的城市和地区意识到跨境电子商务对区域经济发展的带动作用,纷纷加大对跨境电子商务的支持力度,2014年可称为跨境电商的元年。目前,全国相继批复的全国六个跨境电商试点城市分别为上海、重庆、杭州、宁波、郑州和广州。随着网络环境的不断开放,各试点城市纷纷加快跨境电子商务的发展步伐,其他五个试点城市都有相对良好的电子商务基础和实体市场的支撑,再加上政策的扶持,跨境电子商务发展十分迅速。跨境电子商务市场中各城市之间的竞争十分激烈,这对郑州航空港区的跨境电子商务发展是一个很大的挑战。

(2)商业信用缺失。我国跨境电子商务行业法规不健全,郑州跨境电子商务的信用体系不完善,缺乏相对系统的信用体系和管理机制。郑州航空港区的跨境电子商务发展过程中,商家信用问题突出,因信用缺失而导致的侵犯知识产权、销售假冒伪劣产品等现象时有发生,给郑州航空港区跨境电子商务的发展带来了恶劣的影响,加上跨境电子商务交易环境复杂,各国的行业规范和认证体系存在差异,跨境贸易配合不协调,因此,信用问题是目前郑州航空港区发展跨境电子商务急需解决的问题。

(3)安全支付问题。安全支付是发展跨境电子商务的核心环节,跨境支付牵涉买卖双方、银行和第三方支付平台等多个主体。目前,跨境电子支付的主要模式有两种,分别是网上银行和第三方支付平台。但是,这两种支付方式都存在着弊端,网上银行由于钱货交易存在时间的先后性,买卖双方的交易风险高。目前,采用较多的第三方支付平台,运营周期长容易造成资金的周转问题。此外,无论哪种支付方式都存在一个共同的问题,就是支付的安全问题。开放的网络环境中,在支付交易的过程中,很可能出现因系统故障而导致的信息丢失或支付信息被非法盗取等问题。而且,跨境电子支付过程中的法律漏洞较多,缺少适用于不同国家间的完善的电子支付法律制度体系,这些支付问题都制约着郑州航空港区跨境电子商务的未来发展。

三、实现郑州航空港区跨境电子商务合理化发展相关建议

1. 建立完善的信用管理体系

通过建立相应的法律、法规,加大对侵犯知识产权和销售假冒伪劣产品等不法行为的处罚力度,维护消费者的合法利益。加强政府机构与行业的合作,建设跨境电子商务认证中心、企业信用数据库和商家信用评价系统,建立健全跨境电子商务信用体系,共同解决跨境贸易电子商务信用体制问题。打击各种跨境电子商务活动中的侵权行为,加大对郑州航空港区跨境电子商务主体及交易活动的监督,建立追溯维权机制和渠道,促进郑州航空港区跨境电子商务的健康和有序发展。

2. 加强政府的引导和监管

政府应从全局出发,发挥引导的作用,促进跨境电子商务企业的有序发展,借鉴成熟国家的经验,做好对郑州航空港区在跨境电子商务发展过程中各个环节的引导和监管工作。加强对物流、通关、收汇及退缴税等问题的解决,积极制定促进郑州航空港区跨境电子商务良好发展的相关政策和规划。

3. 发展现代化物流

整合郑州航空港区在跨境物流方面的相关资源,完善郑州航空港区跨境物流体系,加强郑州航空港区跨境物流的信息化建设。做好郑州航空港区的物流规划和建设,为发展跨境电子商务创造良好的环境,加快物流行业的国际化合作,推动国际知名物流公司与国内物流配送企业形成战略联盟,实现成本更低、质量更高、时效更强的现代化物流配送模式,推动郑州航空港区跨境电子商务的良好发展。

4. 建立完善的人才培养和人才引进机制

树立人才第一的观念，把培养、引进、回笼跨境电子商务人才作为郑州航空港区发展跨境电子商务的工作重心，建立以市场需求为导向的跨境电子商务人才培养模式。充分发挥学校和企业在跨境电子商务人才培养方面的优势，加大人才开发和培养的力度，开展合作办学，设立校外实践基地，为高校学生提供实习岗位，实现课堂教学与实践的有机结合，构建系统化人才培养机制，培养满足市场需求的专业化人才。引进中高级复合型跨境电子商务人才，加大跨境电子商务相关业务中高级人才引进力度，同时加强公司企业文化建设，培养中高层次跨境电子商务人才对公司的归属感，从而减少中高层次人才的流失。鼓励高校毕业生来郑州航空港区发展自己的跨境电子商务项目，同时在资金和政策上给予大力支持，以营造良好的跨境电子商务创业环境。

08

郑州航空港区生态文明建设问题研究

郑州航空工业管理学院　邹晓燕

郑州航空港经济综合实验区规划面积415平方千米，按照"三区两廊"的布局空间规划，包括航空港区、北部城市综合服务区、南部高端制造业集聚区、沿南水北调干渠生态防护走廊、沿新107国道生态走廊5个部分。目前，航空港区建成区的绿化总面积是407.6万平方米，森林覆盖率是34%。其中，四港联动大道生态廊道实现绿化全长7.5千米，绿化总面积60.5万平方米，微地形塑造完成土方150.5万立方米，一个"宜居、生态、绿色、环保"的"新都市"已初具雏形。航空港区在生态文明建设方面虽然取得了长足的发展，但是生态文明建设任重而道远，有些问题还相当严重。

一、郑州航空港区生态环境基本现状及存在的问题

1. 郑州航空港区环境污染较为严重

2013年以来，实验区社会经济跨越式发展，城镇化和工业化快速推进，使实验区生态环境污染严重，由于人口、经济和城镇化快速发展，资源能源压力不断增加，跨越式发展加剧了环境压力，环境污染物排放明显增加。实验区国土开发强度高，生态建设用地相对不足，大气环境受周边区域污染源排放影响较大，随着城市建设活动和机动车保有量的增加，实验区大气污染由煤烟型污染向机动车尾气、煤烟、扬尘复合型污染转变。随着机场二期、棚户区改造、重大项目建设及水、电、气、暖、路网等基础设施工程的集中开工，航空港区现有较大的建设工地223个，点多面广。工地扬尘、道路扬尘等扬尘污染是影响该区空气质量的重要因素。固体废物处置能力不足，医疗废物、生活垃圾、工业固体废物甚至工业危险废物产生量将继续增长，电子信息工业产生的含重金属废物、污泥等将大幅度增加。

2. 郑州航空港区水生态环境面临严峻挑战

水土资源不足，水环境容量超载，受纳污染物的能力有限。实验区人均水资源占有量不足全国人均水平的1/10、全省人均水平的1/2，自一些企业入驻港区以来，港区的地下水位也急剧下降。地下水严重超采，将会给整个城市带来安全隐患。区内河流水质为劣五类，达不到水体功能区划的要求，水源性和水质性缺水并存。航空港区内河流原多为自然形成的排洪冲沟，河道狭窄，无天然径流。水环境容量超载，成为制约水环境改善的主要问题。

3. 郑州航空港区绿化建设进度缓慢

航空港区是新建区域，正处在边实施边建设边绿化阶段。近两年以来，航空港区在

创建森林城市活动中做了大量工作,取得了一定成绩,但还存在一些问题和不足,主要表现在这几个方面:城区和周边的绿化进度还需进一步加快,城市绿化成效和功能发挥的不足;森林城市生态文化建设的基础设施不足,缺少生态文化教育示范基地、科普馆等生态文化设施,生态文化的内涵还需进一步丰富;森林资源管护基础设施较为薄弱,造林绿化服务管理体制还不健全;林业投入的长效机制尚未形成,对林业工程建设的投入相对单一。

4. 郑州航空港区生态文明建设推进机制滞后

生态文明建设仍停留在理念和理论上,尚未深入到政府的管理、企业的生产和群众生活的各个层面。一是片面追求GDP增速,重经济、轻生态,重眼前、轻长远,重规模、轻效益,重数量、轻质量的现象比较普遍。二是生态文明建设的规划不到位、目标不明确、考核机制不健全。三是生态文明建设科技、资金投入严重不足,生态环境基本建设欠账较多。四是现有法律、政策体系还不能适应生态文明建设的要求,监管缺乏力度。一些地方环境监管滞后于经济发展,地方保护主义严重,存在以罚代管等现象,造成企业守法成本高,违法成本低等问题。

二、郑州航空港区生态文明建设的意义

1. 生态文明建设有利于提高郑州航空港区居民生态文明意识

在推进郑州航空港区建设的过程中,物质文明、政治文明、社会文明、精神文明是相辅相成的,它们体现和获得生态文明的有关成果。生态文明建设的相关内容和要求,在一定程度上体现了整个人类的制定的具体法律制度、复杂的思想意识、有序的生活方式和行为方式。生态文明要求人与自然互利共荣、协调发展,社会经济与自然生态平衡发展,它表现为物质文明进步——要求人与人(社会)平等和谐、人民民主权利的增加和民主程度的提高,以及保护生态实现人与自然和谐相处的制度安排和政策法规,它表现为政治文明的不断进步,生态文明中的环境保护思想观念、生态平衡思想观念、精神追求、社会文化艺术的发展和人民精神生活的财富——表现为精神文明的进步,总体表现为生态文明的进步。郑州航空港区目前正处在一个发展的关键时期,物质文明、精神文明、政治文明、社会文明、生态文明,这"五个文明"只有在不断的协调中才能达到平衡的发展。"政府为主导,公众积极参与"的新的生态文明建设道路研究对于当前处在严峻环境形势下的我们,能够更好地尊重自然、顺应自然和保护自然,正确引导航空港区居民树立良好的生态文明意识,加强市民生态文明道德意识培育探索生态文明建设新路,走可持续发展道路无疑具有重要的现实意义。

2. 生态文明建设有利于郑州航空港区现有文明的整合与重塑

生态文明是人类为了更好地生产与生活,在协调与处理人与自然的生态环境和人与人(社会)的社会生态环境中形成的积极成果,包括两个方面:人、自然和社会的"存在状态"成果以及"相互关系"成果。其中,前者"存在状态"成果就是通常所说的物质文明、精神文明和政治文明;后者"相互关系"成果就是指人和自然、人和人(社会)之间的和谐与协调。生态文明是继其他几种文明后的一种更高阶段的社会总体文明,既包含各种具体的文明形态,又悄然渗透在其他文明形态之中,在整个社会文明系统中具有统率地位

和决定性的影响,并通过其他文明来表现自身的内涵和要求。所以,生态文明是对目前现有的文明形态即物质文明、精神文明、政治文明、社会文明的重新整合和塑造。

3. 生态文明建设是郑州航空港区经济持续健康发展的重要保障

习近平同志指出,良好生态环境是人和社会持续发展的根本基础。蓝天白云、青山绿水是长远发展的最大本钱。良好的生态环境本身就是生产力,就是发展后劲,也是一个地区的核心竞争力,为政治稳定和政治发展提供生态基础和丰富的生态滋养,为文化建设增添新的内容和提供丰富的生态滋养,为社会建设增添新的内容和提供丰富的生态滋养。党的十八大把生态文明建设与经济建设、政治建设、文化建设、社会建设纳入五位一体总布局,明确提出建设美丽中国,实现永续发展。强调生态文明建设在五位一体总布局中的突出地位,有利于郑州航空港区从整体更好地推进小康:不断用统筹协调的办法,来促进经济建设、政治建设、文化建设、社会建设和生态文明建设之间的相互影响、相互作用,共同推动港区的全面整体进步。与此同时,在探索和遵循经济发展规律、政治发展规律、文化发展规律、社会发展规律和生态发展规律的基础之上更好地实现郑州航空港区经济持续健康的发展。

加强环境保护工作,建设生态文明,既是重大的民生问题,也是改善经济发展环境促进经济升级的重要抓手。郑州航空港作为综合经济实验区将生态文明建设作为改善投资环境、提升航空港经济发展质量和国际竞争力的重要资本,高标准提升生态规划,先生态建设,后城市建设,以优美的环境资源吸引投资、吸纳人才。以生态文明理念引领航空港区综合经济实验区经济发展,推动港区现代产业发展与生态文明建设互动双赢,这也是航空港区能够快速占领世界航空经济高地、提高国际竞争力的必由之路。

三、郑州航空港区生态文明建设对策分析

(一)全方位提高郑州航空港区居民生态文明意识

一是要加强宣传教育,全面提高郑州航空港区居民的生态意识。树立尊重自然、顺应自然、保护自然的生态文明理念,努力建设美丽港区。要深入普及生态知识,提高广大人民群众参与建设生态港区的积极性和自觉性,使生态港区建设深入人心,提高社会各界对创建生态港区工作的知晓率、支持率,营造浓厚的生态港区创建氛围。

二是弘扬生态文明价值观念。通过报纸、电台、电视、网络等大众宣传媒介,深入开展群众性宣传活动,倡导生态文明从我做起、从点滴做起、从身边小事做起,引导社会公众自觉抵制各种不良行为,树立生态文明行为习惯。加快建设并形成一批以绿色学校、绿色企业、绿色社区为主体的生态文化宣传教育基地。并从社会公德、职业道德、家庭美德和个人品德等方面入手,制定港区生态文明建设道德规范,提高港区居民生态道德素质。

三是倡导绿色生活方式,引导民众健康消费、适度消费,促进消费方式和生活方式转变。强化资源回收意识,倡导绿色出行,在全社会形成生态文明建设人人了解、人人积极参与、人人共建共享的社会格局。

四是坚持文化引领,丰富生态文化内涵。一方面要加强生态文化的基础设施建设。

立足港区本土特色,积极谋划各类港区文化节庆活动,建设健全生态文化教育示范基地、生态博物馆、科普馆、展览馆等生态文化设施,不断增强人与自然和谐的生态价值观,形成航空港区人文文化、历史文化、自然文化与生态文化的有机融合。另一方面是要丰富生态文明的多样载体。广泛开展生态文化宣传教育,通过在重要路段安装公益广告牌、网络媒体推广等形式,加强港区生态文明的宣传,为港区生态建设创造良好舆论氛围,使生态文明理念更贴近民众;通过举办生态摄影展、生态保护成果展等生态文艺作品创作活动,充分挖掘生态文化潜力,提高生态文化品位。

(二)完善郑州航空港区生态文明建设的推进机制

一是建立完善港区生态补偿机制。建立健全资源有偿使用制度和生态补偿制度,调整经济发展和生态建设相关各方利益关系,保障生态保护地区的公平发展权,提高生态建设和保护工作的积极性。

二是完善港区生态保护投入机制。探索建立政府主导、多元投入、市场推进、社会参与的生态文明建设投融资机制,鼓励和引导社会、民间资本在生态文明建设中发挥作用。建立健全财政支持环境保护的资金稳定增长机制,实现环保直接投入与经济发展同步增长。

三是建立健全民主决策与社会监管机制,对生态建设的重大决策实行公众听证制度,对重要规划、政策和重大项目实行专家咨询论证制度。

四是建立生态预警应急联动机制,实行联防联控,增强环境安全保障能力。

五是加大科技扶持力度。优先安排生态保护科研项目,鼓励郑州市科研院所、高等院校与生态农业示范基地、生态工业园区等相结合,建立产学研体系,拓宽港区生态环保科技成果转化渠道。

六是健全法规、政策体系。制订、完善和修订一批推进生态文明建设的地方法规、政府规章及相关政策,要涵盖促进产业升级、鼓励资源节约、保护生物多样性、反映环境资源稀缺性等港区生态建设的主要方面。

七是加大生态环境保护执法力度。做到违法必究,执法必严,真正使法律成为不可逾越的红线。深入开展整治违法排污企业、保障群众健康的环保专项行动,坚决遏制港区生态环境违法犯罪行为。

(三)打造"林、水、城"相互交融的郑州航空港区生态环境

优化区域发展环境、建设生态宜居新型城区、加速城市公共设施建设,将港区打造成人工景观与自然生态景观和谐共生、"林、水、城"相互交融的生态环境。

1.加快以生态防护为主的郑州航空港区绿化建设

结合《郑州市森林城市建设总体规划(2011—2020年)》,围绕"一核、二轴、三环、四带、五园、六城、十组团、多点、多线"的总体布局,找准定位,科学发展。作为"六城"之一的航空城,要进一步加快城市森林建设,以新型城镇化为引领,坚持自然与人文相结合,历史文化与城镇建设相交融,实现森林布局合理、功能健全、景观优美的总体规划,一是要以乡土树种为主,通过乔、灌、藤、草等植物合理配置,营造各种类型的以树木为主体的

园林绿地,形成近自然的森林生态系统;二是要按照城镇卫生、安全、防灾、环保等要求建设防护绿地,提倡节水、节能、节地举措;三是在居住区边缘绿地上,营造人工植物群落,注重保健植物的应用和植物立体结构的配置;四是在厂区绿地应强化树木的减噪、除尘、固碳、杀菌等复合性功能,针对潜在的点状污染源,选择成活率高、生长较快、抗污染力强的树种,构建多层次、高密度、生物降解能力强的植物群落,形成以生态防护为主的森林景观。要充分利用南水北调主干渠两侧防护林带设置生态防护走廊,建设沿岸森林公园、水系景观、绿化廊道等,打造体现航空文化内涵、集生态保护和休闲游览于一体的景观带。同时在新107国道两侧,规划建设防护林带,形成错落有致、纵贯南北的生态景观长廊,并结合2017年世界园艺博览会在港区召开的契机,坚持可持续创建,确保造林绿化成果,进一步加快航空港区的生态建设。在注重栽种、提高成活率的同时,更要注重后期管护,认真落实各项工作责任制,加强监督管理,严格执法,严厉打击破坏行为,做好造林绿化的后期管理、维护和保护工作,形成造绿、护绿长效机制。

2. 推进郑州航空港区全方位水污染防治措施

水系建设是郑州航空港区建设的灵魂所在,要借用南水北调工程的机遇,充分发挥水系在港区建设中的重要作用。一是在梅河公园、兰河公园、南水北调实验段、双鹤湖公园的建设过程中,应特别加强水和生态环境建设互相映衬的作用,做到水中有绿,绿以辅水的功效,形成规模较大的水、绿浑然一体的生态环境和宜居生态环境。二是通过水系连通,加强水体循环,提高自然净化功能。对于已经干涸的河流——小清河、高路河、黎明河、蛰龙河,采取生态调水或中水回用等形式,维持河道最小生态需水量,促进河道生物的恢复,打造水清、水美的优美水环境。通过河道整治、生态疏浚等方式,改善河道环境质量,增加河流水环境容量。三是加强工业废水防治,削减工业污染排放,严格清洁生产审核,提高重复用水率,从源头降低工业企业污染物排放。实行多级污水处理,严防工业污染,加强工业企业污水预处理,实现污水全收集、保证排放全达标。四是加快基础设施建设,提高污水处理率。推广氧化塘、人工湿地等适合分散式农村居住片区的污水处理技术,提高实验区污水处理率。构建城市生态水系,恢复河流生态健康,推进集防洪、生态、景观、旅游、水资源配置等功能为一体的生态水系建设规划,实现中水补充河道地表径流,改善区域河流季节性断流的现状,实现主要河流四季不断流,从而提升河道水生态景观,打造绿色长廊景观带,实现"河畅、水净、景美"的目标。生态现状较好的梅河,建议以自然修复为主,人工修复为辅,其中人工修复主要为自然修复创造更良好的环境,加快生态修复进程,促进稳定化过程;对生态缺损较大的河流,以人工修复为主。

3. 推进郑州航空港绿色建筑和低碳港区建设

在20世纪70年代末,欧洲和我国台湾地区就开始实施节能减碳,推行绿建筑、生态建筑。郑州航空港作为未来世界级的、现代化的一流港区,在建设之初就要把产业质量提升、环境改善、绿色低碳发展有机结合起来,进行系统规划、统筹推进。一是加强集中供热建设,减少煤炭消耗,拆除小锅炉。二是实现实验区燃气化。普及天然气、沼气等清洁能源使用,提高清洁能源比例,禁止燃煤。三是大力推广使用新能源。加大太阳能、浅层地热能、污水热源泵、风能等新能源推广力度。在开发强度较低的产业园建设分布式光伏发电系统;在民用建筑推广太阳能光热系统建筑一体化技术;在新型社区推广使用

"生物质"能源；在景观廊道建设风光照明路灯；推广地源热泵等技术的使用，科学合理地开发实验区浅层地热资源。

（四）构筑郑州航空港区生态风道，改善区域大气流通环境

城市高楼越建越高、越建越密，导致风进不了城市中心，阻碍了空气流动，形成了热污染，这已成为我国很多大中城市的通病。航空港作为国际空港，在建设之初就要严格执行国际机场净空控制范围。控制北部城市综合性服务区与南部高端制造业集聚区边缘地区建筑物高度，防止高层建筑阻碍空气流通，不利于驱散雾霾，影响飞机起降。

根据实验区主要风向，构建南水北调干渠、小清河滨水景观带和新107国道生态景观长廊，东湖生态公园，打造贯穿实验区南北的一园三廊"水字形"生态风道主体结构；东西方向依托机场净空范围，形成自然通风环境。最终依靠空气流动，实现"冬春吹霾、夏秋降温"的效果。

（五）打造郑州航空港区"零污染零排放"环境

加强郑州航空港区环境影响评价，严格控制主要污染物排放总量。严格建设项目环境准入制度，发展循环经济，推进清洁生产，降低排污强度，加大环境风险管控监管力度。推进港区内建立环境质量和重点污染源自动监测系统。加快污水处理等基础设施建设，提高中水回用率。加强大气污染综合防治和噪声管制，实行煤炭消费总量控制，积极开发利用地热能、太阳能、天然气等清洁能源，改善区域大气环境质量。强化工业固体废物和生活垃圾无害化处理设施及收运体系建设，推广垃圾分类收集处理。港区要认真汲取垃圾围城的教训，摒弃在垃圾管理方面的陈规陋习，强力推行垃圾分类回收。垃圾处理要与社会建设同步，按照"无害化、资源化、减量化"的原则，处置实验区电子废弃物、生活垃圾、完善城市生活垃圾收集转运设施。本着"新区新机制，垃圾不落地"的思路制定航空经济区固废政策，以推广垃圾分类为核心，采取"引导+强制"的新区垃圾管理方针，提高工业固废综合利用率，对区域内生产、运输过程中产生的电子废弃物，要求企业设立专门的储存场所，定期进行回收。加强重金属污染防治，建立健全重金属污染环境监管体系。力求新区固废处理政策措施一步到位，面向新区单位和个人大幅度提高垃圾处置费征收标准，从而为垃圾分类方案落实开辟道路，改变机场固废处置方式；建设航空垃圾处理中心，使生活垃圾、建筑垃圾（含装修垃圾）、园林垃圾、餐厨垃圾等在源头上有专门回收、运输、处理渠道，不在源头混合，各有通道，各有专门技术流程保障后续环节的无害化、资源化处理。要加大对港区新入驻的企事业单位和居民进行垃圾分类常识教育，将生活、生产中产生的"危险废物""有害废物"列出清单，广泛宣传，增强居民垃圾分类的意识，自觉把垃圾进行分类整理，保证不让有害物质破坏环境，并确保可回收资源的循环利用。新单位、社区入驻前要签订"零污染、零排放"，垃圾不落地的落实责任书，保证航空港区以文明干净靓丽的环境助推经济的快速发展。

（六）防治郑州航空港区噪声环境污染

严格噪声管控措施，降低机场噪声环境影响，合理规划机场周围的土地利用，根据预

测噪声等值线图对机场周围土地划分噪声区,依据此规划控制机场周边土地利用,飞机噪声超标区域(噪声等值线 75 dB(A)以上)不得规划居住区,噪声等值线 70 dB(A)以上不得规划学校、医院等环境敏感目标。根据不同噪声等值线对现有居民区、学校等实施搬迁或采取安装隔声门窗等隔声降噪措施。采取合理规划、合理布局、闹静分开的原则,将噪声源设置在对人们工作、学习和生活影响最小的地方。

郑州会展业与旅游业互动途径研究

河南科技学院　王淑兰

会展业与旅游业是两个相互独立但又紧密联系的产业。会展是指会议、展览、体育赛事、奖励旅游、节庆活动等集体性活动的简称。其表现形式是各种类型的博览会、展览展销活动、大型会议、体育赛事、文化节庆活动等。会展业是指利用各种会议、展览、奖励旅游和节事活动资源,并为相关活动提供策划、设计和组织,以及场地、配套设施及其他各项服务的经营单位和机构的集合。因为会展业具有强大的集聚效应,会在短时间内聚集大量的参展商、观展者、新闻媒体等,并能形成一条集交通、住宿、出入境、餐饮、娱乐为一体的"消费链",这一消费链与旅游产业链颇多重合,可以给当地旅游业带来大量高质量客源,所以成为旅游业发展的一个新的增值点。而旅游业不但可以为展会带来的商务客人提供专业的食、住、行、游、购、娱等服务,而且发达的旅游业、完善的旅游基础设施,还有利于展会的申办,使会展"锦上添花",促进会展的成功举办,有时甚至会成为会展成功的关键因素。可见,会展业与旅游业是一种良性的互动关系。

一、郑州会展和旅游业互动存在的问题

起步于20世纪80年代的郑州会展业,在中部省份中一直名列前茅,郑州还获得了业界声誉颇高的"流动展的摇篮"称号。2005年11月,郑州国际会展中心的投入使用,使郑州会展实现了更大跨度的飞跃。经济保持良好的发展势头,同时利用各种旅游资源打造各种旅游产品,使郑州旅游经济持续上升,到2014年,已实现旅游收入801亿元人民币。可见,郑州无论是在会展方面还是在旅游方面,都已颇具成就。但就郑州会展和旅游的互动关系来看,二者基本都是在各自轨道上独自发展,互动并不密切。尽管郑州会展业不可避免地带动了旅游的发展,旅游业也为会展游客提供了一定的服务,但是这种互动并非是二者在积极合作情形下完成的,而更多的表现为会展企业将参展商、观展者等游客"外推"给旅行社、酒店、景点等旅游企业,而旅游企业则"被动受益"。即使是有一些旅游企业参与会展中,那也只是为会展业提供一些非常基本的外围服务,如订票、交通、住宿等,旅游企业并没有真正将其整体促销、配套服务等优势发挥出来。二者关系之所以如此,原因有3个方面。

1. 政府层面:缺乏相应政策和中坚管理机构

郑州市政府作为市场的协调者和监督者,对引导会展业与旅游业的合作互动,起着重要作用。郑州市政府对会展业与旅游业互动融合虽然非常重视,在"十二五"旅游产业发展规划指导思想中,郑州市政府还将会展与旅游的融合作为旅游转型的重要方向之

一,并提出将会展旅游作为重点新业态来培养,但是,在这些宏观的政策下,却没有相应的促进会展业和旅游业互动融合的管理政策、评估政策、规章制度等作为支撑。此外,郑州市政府在发展会展旅游中,也没有专门的会展旅游管理机构,来协调会展业和旅游业的共同发展和互动融合。

2. 协会层面:缺乏行业协会来促进二者互动

行业协会是指介于政府、企业之间,商品生产者与经营者之间,并为其服务、咨询、沟通、监督、公正、自律、协调的社会中介组织。行业协会是一种民间性组织,它不属于政府的管理机构系列,而是政府与企业的桥梁和纽带。充分发挥会展旅游行业协会的作用,是市场经济发达国家会展旅游业发展的重要经验和成功管理模式。目前郑州旅游业已经组建了由旅行社、旅游景区、旅游饭店、导游等作为会员的郑州市旅游业协会。就会展业而言,郑州市会展业目前还没有自己的协会。由会展业和旅游业共同组建的会展旅游行业协会或联盟更没有出现。由于缺少这两个重要的协会组织来规范市场和沟通各方面关系,导致郑州会展业和旅游业中很多同类企业或同行之间出现恶性竞争,对会展业和旅游业的互动融合产生了不良影响,同时也扰乱了正常会展旅游市场的秩序,这对提升郑州市会展旅游的品牌效益和知名度显然是不利的。

3. 企业层面:缺少跨界合作的大企业集团

郑州市的会展企业和旅游企业数量都不少,但是龙头企业却不多,目前还没有一家会展或旅游类的上市公司。无论是会展企业还是旅游企业的产业链条延伸度都较低,核心竞争力的提高还有很大空间。目前,郑州市规模较大的会展公司有郑州香港会展管理公司、河南励展宏达展览有限公司、好博塔苏斯展览有限公司,但这些公司主营会展业,与旅游业合作并不密切。较大的旅游公司有河南中青国际旅行有限公司、中州国际旅行社等,它们在旅游方面做得较好,但很少涉足会展行业。

二、郑州会展旅游互动策略

由于会展业与旅游业对郑州社会经济的发展意义重大,二者在产业链上又有颇多重合之处,它们良好的互动不仅会助推郑州城市形象,更会为郑州城市经济的发展和功能的提升提供巨大空间。欲使郑州会展业和旅游业得到良性互动,应该从3个层面来寻找对策。

(一)政府层面

郑州市政府虽然已经在"十二五"的规划中,制定了会展旅游的发展目标和发展方向,但要想有效推动旅游与会展业的互动合作,要注重"十三五"时期的科学布局和制度建设,做好以下两点。

(1)制定合理的税收政策,促进二者合作。合理税收政策的制定,对促进会展业与旅游业的互动融合非常有利。由于会展业会为旅游业带来巨大的经济利益,这种利益通常表现在两个方面,一是会展业使旅游业节省了在吸引游客上的宣传、推介等营销费用;二是会展业的发展增加了旅游业中住宿、餐饮、娱乐、购物、景区景点等收入。旅游业中这些"外来利润",虽然是由会展业带动产生的,但会展企业却很难从旅游业中这些"外来利润"中得到一定的相关利润,而利润的获得者是旅游企业。如果会展业这种"外溢"效应长期得不到补偿,会对会展业产生不良后果。那么,解决这一问题的方法之一就是政府要出面制定相应的税收政策,对由会展业为旅游企业所带来的会展旅游收益征收一定额度的税费,并将税收的一部分作为补偿返还给会展企业,以激发会展企业发展的积极性;另一部分作为发展会展旅游的专项基金,以奖励、补贴等形式来鼓励会展、旅游的合作发展或用于促销活动。无论政府将这些税收所得用于上述哪个方面,都会促进会展业的发展,而会展业的发展又促进了旅游业获得更多经济利益。

(2)用好专项资金,促进二者融合发展。在旅游业方面,郑州"十二五"发展规划中,明确提出"加大政府对旅游发展和旅游公共服务设施的引导性投入,增加对旅游宣传、旅游公共服务设施和重点项目的资金投入与补助",但具体投入资金的数额,规划并没有明确提出。在会展业方面,郑州市政府提出,自2009年起"每年设立1 500万元的会展业专项资金,用于大型会展活动的申办、本地展会的培育、会展业的宣传等"。从以上专项资金设置的用途看,一个是专门用于旅游业的,一个是专门用于会展业的。如果欲使会展业和旅游业更好地融合,应该从这两方专项资金中各拿出一部分,或者市政府再拿出一部分资金,设立会展旅游专项资金,专门用于支持会展旅游的互动发展,其主要用途可以表现在3个方面。

其一,用于会展旅游的国内外招徕和推介。会展旅游的一个特点就是聚人气,人气越旺展会知名度越大;举办的数量越多、质量越高,会展举办地的经济利益和社会效益也越大,所以郑州市的会展旅游对外宣传和招徕是十分必要的。这一点,郑州可以借鉴上海市的"上海会议大使"制度。利用一部分会展旅游专项资金,来聘请国内外影响力大、知名度高的各行业精英作为大使,在国内外宣传、推介郑州会展旅游,来提高郑州国内外知名度,并努力招徕重大国内外会展旅游项目。

其二,用于支持会展旅游企业融合发展。政府的资金支持对企业的长远发展和抗压能力的提高都有巨大作用,这在很多旅游发展较好的国家都有体现。如新加坡旅游局为推动旅游业、展览业的发展,在2009年推出了价值9 000万新元(1新元约合0.66美元)的"BOOST计划"。计划规定,从2009年3月起到2010年2月,参加主办展览与会议活动计划的从业者,可享受70%资金援助;业者筹办展览与会议项目,可享有多达50%的额外资助;为鼓励会议与旅游项目,旅游局将为相关业者提供高达70%的国外促销费用资助等。此外,对那些有意提升员工技能进而迎接新市场需求的业者,提供90%的国外培训津贴。这些基金和措施,为新加坡旅游、会展带来了持续的发展,即使遇到国际金融危机,新加坡的旅游业也没发生明显变化。郑州市政府在用这些资金时,也应制定详细而周全的计划,对发展潜力大、带动效应好的会展或旅游企业进行奖励、资助;对有实力把会展和旅游业联合起来组建大的会展旅游集团或联盟的企业进行资金扶持;对愿意将员工培训成会展旅游行业精英,并有可能成为未来该行业发展栋梁之才的企业和个人,给以一定程度的补贴和奖励等,以此来促进会展业和旅游业的大发展和更好互动。

其三,设置专职机构,负责会展旅游管理。纵观国际、国内会展业与旅游业互动较好的城市,不难发现这些城市在发展会展旅游时,政府都设有专门的管理部门来负责会展旅游事务,促进会展与旅游互动发展。如新加坡早在1974年就在旅游局下设了展览会议署,来协助、配合会展公司开展工作,并向国内外宣传新加坡开展国际会展活动的优越条件,促销新加坡举办的各种会展活动。每年该部门都会有计划地向世界介绍新加坡旅游会展方面的情况,并且经常在世界各地举办新加坡会展旅游方面的研讨会,让世界了解新加坡会展旅游方面的优势。就郑州的实际而言,郑州可以在旅游局下设置会展旅游管理机构,来统一管理郑州的会展旅游事务。这种跨越产业边界的系统管理机构,一方面在制定政策和规划城市时,会将会展业与旅游业作为一个整体来考虑,制定符合这一整体的发展目标和相关政策,这对形成会展与旅游相互促进、协调发展的互动局面将大有裨益;另一方面能够根据展会主题和性质,高效整合会展业与旅游业的优势资源为不同展会服务,提高会展旅游的质量和效率。同时,这样统一的管理机构还能够从具体操作细节上对会展与旅游的发展加以协调,促进两者高质、高效地互动。

（二）协会层面

鉴于目前郑州市会展业协会还没有成立,会展与旅游协会联盟性质的组织也还没有形成的情况,郑州市会展业和旅游业应该做好以下3点。

（1）建立健全会展协会。郑州市会展协会的建立是非常必要的,虽然会展公司数量不少,但大部分都是在"十二五"期间注册的,发展时间较短,处于起步或者成长阶段,经营和运营模式都还不成熟。由于行业的自律规则没有建立,监督体制仍不完善,在一定程度上影响了会展旅游的市场秩序,也影响到了参展商对郑州会展业的整体评价。郑州市应尽早组建自己的行业协会,来发挥其行业的监督、指导职能,并制定行业规范来协调企业经营行为,同时要策划展会主题以避免重复办展,还要组织行业企业培训、认证、年审、评估等,以促进会展企业尽快成熟,提高郑州市会展业的竞争力和影响力。

（2）组建会展业和旅游业协会联盟。郑州在促进会展业和旅游业发展的过程中,除了有会展业协会和旅游业协会还不够,还要将二者联合起来,组建更大的会展旅游协会或协会联盟。成都市的会展、旅游、餐饮、教育、服务等机构共同组建了国内首个跨区域、全产业链覆盖的"成都会展联盟",很好地实现了旅游与会展之间的联合发展,大大提高了成都会展旅游的影响力。郑州可以借鉴成都的模式,将会展业中的相关企业和旅游业协会中所有的成员组织起来,共同组成一个大的会展旅游协会联盟。它一方面可以推动郑州会展、旅游产业链整体发展,推动资源整合,促进企业优胜劣汰,有利于提升整个会展旅游产业的专业化、市场化、国际化,还有助于培育郑州市会展旅游的品牌。另一方面,该联盟还可以与国内各地会展旅游协会沟通与合作,扩大郑州会展旅游在国内的影响力,并积极申请加入国际会展旅游协会及其他协会,这样既有利于推介郑州会展旅游,又能及时了解国际会展旅游的发展方向和动态,大大增加获得国际会展举办权的机会。此外,在协会联盟的引领和指导下,会展、旅游企业还可以整合各自的优势资源展开整体营销。

（三）企业层面

如何分工协作,要使会展和旅游有良好的互动,最终还要看会展企业和旅游企业在产业链中如何整合二者的优势资源,并组建大的会展旅游企业集团或企业联盟。根据吴开军先生的研究,会展企业与旅游企业在产业链中的合作有 4 种方式:一般市场交易、供应商和销售商网络合作关系、松散的合作网络合作关系和战略联盟合作关系。在这 4 种合作关系中,战略联盟合作关系无论收益还是核心竞争力都是最强的,是会展和旅游企业合作的最佳方式。成都的会展旅游集团,就是这种战略联盟的一个典型。该集团自 1997 年建立,就通过各种方式与多家企业合作,最终形成集地产、展览、旅游、景区、酒店为一体的大型旅游集团公司。经过十多年的探索与发展,该集团走出了一条会展、旅游、地产等各业复合型经营建设之路,其创立的"会展业的成都模式"对成都会展旅游的发展做出了重大贡献。郑州市在"十二五"旅游产业发展规划中也明确提出了培育大型旅游企业集团,"鼓励旅游企业通过资本运营等方式,组建跨地区、跨部门、跨行业、跨所有制的企业集团,实现网络化规模经营。积极引进战略投资者,组建大型旅游企业集团"。目前郑州比较大的、有实力的会展公司有郑州香港会展管理公司、河南励展宏达展览有限公司、好博塔苏斯展览有限公司这三家。这些会展公司,可以在做好会展活动策划、宣传、组织等核心业务的同时,将其产业链向旅游产业延伸。这种延伸有两种形式:一种是这些有实力的会展公司可以在自己的会展公司内部设立旅游部,建立自己的酒店、组建自己的旅行社、完善自己的各种服务体系等,形成内部一个小的旅游产业链,然后与会展部门共同为会展旅游服务,这样该企业就成为一个规模巨大、产业链相对完整的会展旅游公司。另一种方式是郑州会展企业与旅游企业采取参股、控股、兼并、重组等方式进行合作,组建规模巨大的会展旅游联盟。会展企业将自己不擅长的领域,如食、住、行、游、购、娱等各种与旅游相关的服务,交给与自己合作的且擅长于该服务的旅游企业。这样不但会展企业和旅游企业在该联盟中都找到了自己的赢利点,更主要的是它们会为会展旅游者提供更专业、更高质量的服务。同样,郑州规模较大的旅游企业还可以通过参与甚至自己举办会议和展览活动涉足会展业,形成大的会展旅游公司或集团。这种大的会展旅游公司或企业联盟对提升郑州会展旅游的品牌、城市的知名度和影响力至关重要。

三、总结

近几年,大众旅游已经进入微利时代,而依托会展业发展起来的作为旅游业的一个分支——会展旅游,以其财富效益、凝聚效应和轰动效应等,已经成了旅游业中的一匹黑马,备受政府重视。但是目前郑州会展旅游还处于发展的初期阶段,二者互动还远远不够,如果要使其健康发展,各方面大力合作和配合是必须的,如加强政府对会展旅游业的宏观调控和政策方面的支持力度;建立行业协会来规范会展、旅游企业的行为,促进二者合作,并与政府等各类机构沟通,来为会展旅游服务;促进会展企业和旅游企业展开多方面、多层次、多角度合作。只有这些方面真正配合在一起,才有可能促进会展旅游二者的真正融合,也才会促进郑州会展旅游的大发展。

10

郑州探索建设国家自主创新实验区研究

郑州作为国家创新型城市和区域中心城市,在深化改革和经济发展方式转变的攻坚期,积极争取和推动建设国家自主创新实验区,是推动城市转型发展,提升城市竞争力的现实途径。要以基本建成国家自主创新实验区为目标,以提高自主创新能力和加快产业转型升级为核心,以培育百亿级高新技术企业和千亿级新兴产业集群为引领,以促进科技与经济紧密结合为重点,以创新创业综合体建设为切入点,以深化科技体制机制改革为动力,积极推动国家自主创新实验区建设,大幅提升自主创新能力。

一、实验区的内涵、类型与要素

1. 基本内涵

国家自主创新实验区是经济转型发展的新时期激励创新能力提升的重要举措,是经济高端化发展的重要抓手。国家为激励城市创新水平的提升,提出了国家自主创新示范的概念,并在部分城市进行试点建设。国家自主创新示范区是指经中华人民共和国国务院批准,在推进自主创新和高新技术产业发展方面先行先试、探索经验、做出示范的区域。随后,一些城市积极争取国家自主创新示范区或者试验区,郑州打造国家自主创新实验区与示范区建设有着共同的性质,同时又突出自身的特点。自主创新实验区是创新资源相对集中,代表性突出,且能够带动和引领周边地区创新的核心区域,相对示范区和试验区领域和区域相对集中,示范意义更为突出。郑州作为典型的中部内陆城市,其所具有的地理位置、城市发展的特性和创新基础的代表性价值,决定了建设国家自主创新实验区对于进一步完善科技的创新的体制机制,加快发展战略性新兴产业,推进创新驱动发展,加快转变经济发展方式等方面将对中西部城市发挥重要的引领、辐射、带动作用。

2. 主要类型

2009年3月,北京中关村国家自主创新示范区成为第一个国家自主创新示范区。截至2015年3月,武汉东湖、上海张江、深圳、苏南、天津、长株潭、合芜蚌等相继设立国家级自主创新区域,这些区域从空间结构来看,主要有三种类型,一是以城市内部的高新技术产业集聚区为载体,武汉东湖、上海张江等均是以高新技术集聚区为平台,建立了国家自主创新示范区,创新资源和资本高度集中,创新能力持续强化,形成了城市内部的核心创新区,带动辐射整个城市的创新能力提升。二是以城市为载体,深圳、天津都以城市为单位设立示范区,力图建设完善的城市创新体系,以城市来推动示范区建设,以创新来引领城市发展。三是以区域合作的方式建立试验区,例如苏南、长株潭、合芜蚌等地就是以城市群为基本单位,通过跨区域合作,建设国家级创新试验区,引领区域创新发展的方向,提升区域的经济融合发展水平,进而打造国家区域创新的核心板块。

二、郑州市建设国家自主创新实验区的意义

1. 是支持创新型国家建设的重要举措

郑州作为国家创新型城市和国家区域性中心城市,积极推进国家自主创新实验区建设,可以充分发挥郑州创新资源集中、创新平台完善、创新环境优良的现实优势,强力推动体制机制改革,在开放创新驱动中集聚创新资源,形成具有高度创新能力的城市体系,在中原经济区中形成引领、示范、带动作用,服务于国家发展战略需要,为创新型国家建设做出应有贡献。

2. 是实现创新驱动发展的重要途径

国家自主创新实验区就是要把创新驱动作为城市发展的核心要义,让创新贯穿城市建设、经济发展、社会治理、文化繁荣等各领域,让创新引领城市建设。通过创新引领、创新示范、创新带动来驱动城市发展,建立起与现代市场经济、科技创新规律相适应的科技体制,激发原始创新的动力和活力,在关键领域和关键环节取得突破,使得科技成果快速转化为现实生产力,推动城市的跨越式发展。

3. 是郑州可持续全面发展的重要支撑

郑州通过积极争取和建设国家自主创新实验区,增强科技对经济转型、社会进步的支撑能力,形成较强的内生支撑力,最大限度地增强城市的发展内涵和内在吸引力,让创新成为城市可持续发展的核心动力,集聚区域创新人才、技术和资本,使得郑州从资源型的发展模式向技术密集、资本密集的可持续发展,实现城市的稳定进步、经济的有质量发展、社会的和谐进步,争当区域创新示范的排头兵、城市内涵式增长的实验区,实现城市的持续性发展。

三、实验区的构成要素

国家自主创新示范区建设是具备更高发展思路和谋划的战略,必须具备基本的创新要素,要有优良的创新环境、规模化的科技投入、高效的科技产出、高水平的创新产业和良好的经济社会效益。

1. 良好的创新环境

创新环境的好坏直接影响着城市自主创新能力的强弱,创新环境包含政策与法规、管理体制、市场、服务和设施等内容,是示范区建设的基础。国家自主创新示范区建设必须有完善的政策,有高度重视创新的意识和规划,只有这样才能够具备打造示范的基础。同时,在硬件设施上要高度完善,主要包括:①完备的从事科学研究与技术开发的人才队伍体系;②高端的科研设备、实验室以及其他物质装备的支持;③政府、企业和社会等要有高度的创新意识,全社会形成对创新的高度认同。

2. 持续的创新投入

创新的原动力是资金投入、科学技术和人力资源的结合,也是影响自主创新示范区

发展的关键因素。城市作为建设国家自主创新示范区的基本单位,持续加大对基础设备的投入力度,增强对科技创新的资金支持,提升对创新人才的奖励,主要包括:①高校、企业、社会等人力投入的水平;②政府、企业和社会对创新的财力的支持力度。

3. 高效的创新活动产出

创新最为直接的表现就是产出的效益,也就是科技投入的目标,科技产出也能衡量城市的创新能力。因此,示范区建设要以最少的投入获取最大的产出效益,提高创新的绩效水平,从而在节约资源能源的基础上,打造高水平的城市创新示范区。主要包括:①高水平的创新技术、成果的产出;②畅通的成果流动和转化渠道;③系统的成果市场化体系。

(四)较高的高新技术产业发展水平

创新的内容和成果只有转化为现实生产力,才能够展现最大化的效益,其中最为高水平的表现就是产业的高新技术化,通过技术创新融入产业发展中,提升产业的发展水平,提高产业的资源利用率。高新技术产业化的集中表现就是知识密集型和技术密集型的产业发展。主要包括:①高新技术产业、知识密集型产业以及产品的水平不断提升;②高新技术产业的劳动效益持续提高,产品附加值增加。

(五)促进经济社会持续发展

创新能力提升的最终目标就是促进经济社会发展,就是通过创新环境、科技投入、科技产业和技术的产业化带来良好的经济效益,提高人们的收入水平,改善城市的发展环境和人们的生活环境、人们的生活便利度,实现可持续的发展。主要包括:①创新促进经济发展方式的转变;②科技改善城市发展环境;③人们生活信息化和便利化水平的提高。

四、推动建设国家自主创新实验区的思路和目标

(一)总体思路

全面贯彻落实开放创新双轮驱动战略部署,以基本建成国家自主创新实验区为目标,以提高自主创新能力和加快产业转型升级为核心,以培育百亿级高新技术企业和千亿级新兴产业集群为引领,以促进科技与经济紧密结合为重点,以创新创业综合体建设为切入点,以深化科技体制机制改革为动力,进一步完善产学研政资相结合的自主创新体系,集聚创新资源,突破核心技术,强化创新辐射,引领现代产业体系建设,大幅提升自主创新能力,全面建成发展成果惠及全市人民的小康社会、现代化的国际商都、全国领先的智慧应用城市。

(二)基本原则

(1)统筹兼顾,重点突破。紧紧结合郑州的交通优势、区位优势、产业基础和要素禀赋,重点在先进制造技术、智慧城市、技术研究等领域进行突破,在科技服务业和具有地方特色的战略性新兴产业领域进行突破,争取通过5年时间在若干领域形成一批具有全

国影响力、引领相应行业发展的高端研究成果、高层次研究机构和龙头型创新企业。

（2）集聚资源，优化配置。加大创新资源投入，着力加强国内外科技合作，着力引导民间资金投向创新领域，着力加大财政科技投入。千方百计优化创新资源配置，坚持各种科技创新要素和政策向企业倾斜，坚持提高本地高校和科研院所研究能力，坚持以公共平台建设和科技服务业发展推动行业整体创新能力的提升。

（3）以人为本，科技惠民。大力引进高层次研发人才和领军型人才，引导企业用好人才。把改善和保障民生作为科技工作的重要内容，进一步强化科技惠民理念，着力解决关系民生的重大科技问题，使科技创新成果惠及普通百姓。

五、建设国家自主创新实验区的主要任务

1. 探索实验区"一区多园"建设的模式

以高新技术开发区、航空经济综合实验区为两核，坚持"对接产业、联动发展"的思路，在全市范围内建立资源共享、政策延伸、协调互动的"一区多园"格局，将"一区多园"打造成为全市培育发展战略性新兴产业和高新技术产业的核心载体和引领产业转型升级的重要引擎，为国家级创新实验区提供支撑。可选择郑州高新区和航空港区作为"双核心"区域。周边各县（市）区的产业园区作为外围层，推动产业园与核心区域之间的优势资源互补、错位发展、协同创新，形成空间布局合理、产业分布科学、技术协同能力突出的格局，提升高新技术产业和战略新兴产业的发展水平，增强郑州的整体创新水平。

2. 增强自主创新基础能力

一是提升基础创新水平。积极推进部（院）市合作，推进国家重点实验室等科研平台建设，在航空航天、新能源、生物、电子信息等领域建设一批国家级研发实验室，在关键核心技术领域取得突破。加大与省内外高校和科研机构的合作，建立国内协同创新的合作联盟，加强国际科研院所的合作，提升郑州实验区的知识创新创造能力。

二是打造创新人才集聚高地。建立高端化的人才创业园、创业基地和示范区，吸引国内外高层次人才创新创业，形成中原地区人才集聚的高地。实施郑州"优秀科技带头人计划""领军人才专项计划"等人才激励计划，吸引国内外优秀的高端人才集聚郑州，为实验区建设提供人才保障和智力支撑。

3. 提升创新型企业的发展能力

一是优化企业技术创新的环境。积极推动金融与科技的融合力度，通过融合方式、机制和载体的改革创新，破解科技型企业融资难的问题。积极建立科技创新引导资金、风险控制基金和科技创新银行等，通过多元化的投融资方式，为企业科技创新提供支持。通过资金支持、政策扶持等方式，支持郑州中小企业强化技术开发、拓展国内外市场、建立特色化品牌，增强中小企业的市场竞争力。

二是完善创新服务体系。实施郑州产学研用合作工程，以企业为主导，进一步探索共建研发机构和委托研发、技术许可、技术转让、技术入股等多种产学研用合作模式，发挥新型产业组织在产学研用合作中的重要作用，建立高效的协同创新网络。实施"创新郑州提升计划"，加强"创新郑州"建设的宣传和协调工作，通过全面宣传创新郑州、科技郑州，在全社会形成创新的氛围和环境，实现技术的有效转化和成果的合理流动。

4. 加快推动新型产业发展

一是打造具备国际竞争力的新兴产业集群。着力突出新型产业在经济转型中的关键作用,推动新型产业的集群式发展,重点发展新一代信息技术、新能源、新材料、节能环保、生物制药等五大主导产业。

二是积极培育航空产业和新能源汽车两大先导产业。建立航空产业基地,推动航空发动机制造、航空燃料研发、飞机新型制造材料研发,在关键领域和核心技术上实现突破,打造完整的航空产业链条。重点发展插电式混合动力汽车、纯电动汽车等,继续开展燃料电池轿车技术研发,着力突破"电池、电机、电控"等核心技术。依托宇通客车、比克新能源汽车、海马汽车等,建立起国家级新能源汽车创新及制造基地和一流的新能源汽车城。

5. 大力发展现代服务业

支持信息技术融入生产性服务业,促进个性关键技术应用,推广数据处理、数字医疗和个性化智能精准信息等技术,建立完善的标准体系和规范体系。积极发展软件服务、增值电信业务、计算机信息系统集成,大力推广以电子商务、供应链管理、信息(技术)服务为重点的互联网产业,用信息技术推进现代金融、现代物流、工业设计等生产性服务业的高端化。充分发挥郑州的交通优势和区位优势,推动信息技术外包服务、技术性知识流程外包服务等外包服务业的发展。加快建设国家高新技术服务产业基地,重点支持软件、文化创意、动漫游戏等领域的技术开发和产业化,推动电子政务、电子商务、现代物流等领域信息技术的推广应用。

11

郑州市产业技术创新能力提升对策研究

李绍元

"十三五"规划明确提出构建智慧化、国际化、高端化的大产业支撑体系,确立"五大基地"①的产业发展方向,产业技术创新是建设大产业体系的核心驱动力,因此,以企业为主体构建产学研技术创新体系,着力突破重点领域关键和共性技术,并推进产业技术在企业与企业、行业与行业之间的扩散,从而提升全市产业的核心竞争力。

一、郑州市产业技术创新基本现状及难点问题

从近10年的统计数据来看,不管是从纵向、还是从横向比较,郑州市产业技术创新能力在总量上和增速上有着明显提升。截至2014年底,郑州市集聚了全省30%以上的国家高新技术企业、40%左右的科技型企业、30%以上的上市企业和50%以上的新三板挂牌企业。发明专利拥有量达到5.7件/万人,同比增长23.9%,位居中部6个省会城市第2位、全国27个省会城市第8位、35个大中城市第11位。高新技术产业增加值逐年递增,占规模以上工业增加值比重达到50%左右,科技企业孵化器蓬勃发展,达到68家,市级以上研发中心达到1 909家。围绕战略支撑产业,郑州市在新一代信息技术、高端装备制造、新能源、新材料、生物与制药、节能环保、农业新品种选育等领域先后实施了239个重大科技专项,突破了一批核心关键技术,形成一批具有国内领先水平、拥有自主知识产权的创新品牌。共获得省级以上科技奖励1 020项,其中国家科技奖励30项,荣获省科技进步奖一等奖45项。其中,郑州新大方"轮胎式可伸缩型百米级风电安装专用起重机"项目,填补了全球风电安装专用吊机的空白,达到了国际领先水平;安图生物开发的"重大疾病全自动高精免疫诊断系统的研制"项目产品填补了国内空白。

同时存在着一些突出问题和困难。主要表现在:一是企业研发的动力不足,很多大中型企业还没有建立研发中心,具有影响力,科技辐射作用大的省级以上实验室和国家级研究中心较为稀缺。二是产学研联盟的作用微乎其微,知识与技术的结合程度较低,科研人才供给与需求严重错位,直接造成人才支撑体系的缺位。三是科技金融的发展滞后,严重制约着银行对风险较大的研发、孵化等产业前端的资金支持。四是创新环境亟须改善。主要体现在,政府对产业技术创新的政策、规章制度制定、监管落实等方面有着

---

① 全球最大的智能终端制造研发基地、国内领先的电子信息产业基地、全球最大的客车生产基地、全国重要的新能源汽车研发和生产基地、全国领先的跨境贸易电子商务基地。

明显的缺失问题,使得创新导向性不足。总之,一方面市场对产业落后技术的淘汰、对创新技术的需求形成的倒逼推力还不够强烈,另一方面,支撑创新链条通畅运行的服务体系还没有建立健全,造成对企业创新的拉力不足。推力不强,拉力不足共同造成了产业技术创新提升较为缓慢的局面。

二、外地经验

1. 西安市的经验启示

一是以整合科教实力为引领,助推创新能力大释放。西安充分利用自身的科教实力,以"两区两基地"作为统筹科技资源改革的试验区、先行区,以推动体制改革、机制创新为核心,推进"科技创新、市场支撑、产业培育、政府服务"四大体系建设,促进科技人才的"解放"、科研机构能量的"释放"、科技设施的"开放",实现科技资源要素的有效流动和开放共享,西安科技资源正逐步实现部门统筹向全局统筹、分散统筹向集中统筹、初级统筹向高级统筹转变。其因统筹聚合而释放出越来越大的能量,越来越成为西安建设创新型城市和国际化大都市的有力推手。

二是"区域竞合"战略,进一步增强西安的创新要素集聚效应。近年来,西安以"西咸共建新区"为突破口,拉大城市框架,优化城市布局,提升国际化大都市的空间承载力;同时,围绕优势互补策略,加快与西部地区和关天经济区各城市间的合作,建立"西三角"投资企业定期合作交流机制,搭建"西三角"区域经济合作平台,围绕发展要素支撑,推动与东西地区互动合作,支持跨国公司在西安设立地区总部、研发中心等功能性机构,加速聚集国际创新资源、创新创业型企业和各类人才等优质要素。

2. 武汉市的经验启示

一是企业创新主体地位的大力支持。主要体现在:全面落实技术交易、企业研发开发费用税前加计扣除等科技税收优惠政策;2014 年,全市 R&D 经费总支出预计为 255 亿元,占 GDP 的比重 2.74%,远远超过郑州 R&D 支出占 GDP 的比重(1.35%)。对企业专利、商标等知识产权实施奖励政策。

二是以重大科技专项和科技政策促进战略高新产业的发展。

三是要素保障得力。实施科技金融创新工程,人才支撑工程,体制机制创新工程,使得创新要素能够实现有效配置。

纵观武汉市的经验,跟郑州市产业技术创新方向和领域基本一致,但是在政策制定的力度和落实的力度方面都远超于郑州。因此,在成效上,武汉的整体产业技术创新能力排在全国前列。

三、郑州市提升产业技术创新能力对策建议

(一)基本思路

坚持企业主导,政策引导;重点突破,总体提升的基本原则,以市场为导向,以企业技术创新为核心,以郑州市战略支撑产业、战略新兴产业、传统优势产业为重点领域,通过实施"企业创新工程""成果转化促进工程""产品孵化工程""知识产权保护工程""人才

引进工程"等举措,提升产业技术创新从知识创新到投入市场整个链条的通畅程度和运作效率,最终形成完善的产业技术创新体系。

（二）重点领域

按照国家战略要求,结合郑州产业发展现状和技术创新的基础,明确产业技术创新的重点。战略支撑产业:通过产业集群化发展,促进工艺、流程、材质等技术创新,提升电子信息产业、汽车及装备制造业的整体发展水平,培育一批具有国际竞争力的企业。战略新兴产业:坚持低碳化、生态化、信息化、高新化的发展方向,重点发展新一代信息技术、新材料、生物及医药、节能环保装备等产业。传统优势产业:综合运用产品技术改造、淘汰落后产能、研发新产品等举措,推进食品加工、家居、服装、铝及铝精深加工产业的优化升级。

（三）产业技术创新的主要任务

1. 进一步强化企业创新的主体地位

一是以大中型龙头企业为主体,推动产业共性和关键技术的突破。结合郑州市的产业结构特点,支持有行业特色、技术创新能力强的大中型企业建设企业技术中心、工程技术研究开发中心和实验室、孵化器等。以大企业为典型案例,加大企业在技术研发、创新培育和成果产业化三个阶段的投入和对接,全方位提升产业企业技术创新能力,同时,在实践过程中逐步完善产业技术创新的投入、过程、产出政策、法规等支撑体系建设。

二是发挥民营企业"小而灵活"的优势,提高企业的集成创新能力。要发挥郑州民营经济发达,民营企业体制机制灵活,市场竞争力强的优势,激发民营企业的创新热情,引导民营企业增强技术创新意识。不断增加研究开发投入,提高企业技术集成、引进、消化、吸收与应用能力,支持民营企业与高校、科研院所合作建立各种形式的科研生产联合体。同时,要加强民营科技企业的软环境建设,完善民营科技企业综合服务体系,通过基金支持、创业投资、贷款贴息、税收优惠等方式,支持技术创新活动,形成一批"专、精、特、新"的民营科技企业,使之成为郑州市最富有活力的创新创业生力军。

2. 健全畅通的创新链条服务体系

一是以高校培养和大力引进为主体的人才支撑体系。

（1）加强创新人才的开发与培养。重点引导专业人才在工业七大主导产业和"6+2"产业基地、服务业七大主导产业、现代农业高效发展中发挥支撑作用,培育一批具有较高创新能力的"大国工匠"。加强战略性新兴产业相关专业学科建设,制定鼓励企业参与人才培养的政策,建立企校联合培养人才的新机制,促进创新型、应用型、复合型和技能型人才的培养。

（2）促进创新型人才的引进和聚集。通过产业聚才、高新技术项目开发引才和核心人才带动引才等多种途径,释放"集聚人才、培育产业、建设高地"的链式效应,汇聚一批在国内外具有学术技术领先水平的专家学者和全市各行各业的专业技术骨干,占据人才制高点。尤其是要突出引进海外创新创业的领军型人才和由技术领军人才、经营管理人才、资本运作人才等组成的综合型团队。

（3）完善创新人才的激励机制和环境。郑州要在"智汇郑州·1125聚才计划"的基础上，进一步梳理现有的人才政策，建立科学的创新人才使用机制、分配机制、管理机制，不断激发人才的创业热情和创新活力。积极推动知识产权人格化、人才资源资本化，加大技术、管理、资本等生产要素参与收益分配的力度和具体实施办法。完善技术作价入股、科技成果参与分配等产权激励制度，建立向高层次、高技能人才倾斜的分配机制。

二是构筑以产学研结合为重点的协同创新体系。

（1）鼓励以企业为中心，与高等院校、科研机构建立以产权为纽带的各类技术创新合作组织。充分发挥高校和科研院所在企业创新中的生力军作用，引导重点行业中的骨干企业，以解决企业技术需求为目的，与具有相关优势的高校、科研院所建立长期、稳定的合作关系。

（2）积极支持高校、科研院所与行业骨干企业联合组建创新联盟，搭建科技自主创新服务平台。通过建立高新区大学科技园、产业联盟、联合实验室等产学研经济联合体，以及校办企业等技术转移平台，充分利用高校及科研院所的科技资源，促进高校、科研院所科研成果的产业化。充分发挥创新联盟在科技创新、成果转化、科学普及中的作用，促进技术、人才等创新要素在高校、科研院所和企业间有序流动。加快建设以国家实验室为引领的创新基础平台，开展协同攻关与创新。建立适应高等教育专业创新的体制和机制，推进市政府和高等院校开展科技合作会商机制，促进高校科技成果转移转化，推进大学科技园、创业园、创业服务中心、众创空间等建设，形成"创新在高校，创业在郑州"的良好协同创新氛围。

三是完善以科技中介机构为主导的创新服务体系。

（1）构建公共创新技术服务平台。企业的创新，特别是中小企业的创新，离不开公共创新服务体系的支撑。围绕郑州优势产业，依托科研单位的资源优势，在集成电路、光伏太阳能、风力发电及其装备、生物医药、创意设计、知识产权等领域形成较为完善，覆盖设计研发、成果转化和产业化全过程的专业性公共技术服务平台。重点支持具有自主知识产权、技术含量高、创新性强、成熟度好、处于国内领先或国际先进水平的重大科技成果转化项目。

（2）建立完善的科技中介服务网络。大力培育和发展各类科技中介服务机构，促进知识流动、技术扩散和科技资源的有效配置，提高郑州的自主创新能力和绩效。重点发展提供技术支援的中介机构如生产力促进中心、科技创新服务中心等；提供技术信息咨询服务的中介机构如技术市场等；提供资金的中介机构如各种研发与合作基金等。要以业务特色化、服务标准化、手段信息化为方向，建立与中小企业服务对接机制，引导中介机构为广大中小企业提供专业化、高质量的知识产权服务。进一步完善技术产权交易市场，发挥市场对科技资源配置的基础性作用形成技术交易、技术论证、技术评估、技术经纪培训等服务业务配套、服务网络覆盖的技术市场体系。

3. 营造良好的外部创新环境

营造良好的外部创新环境是实现郑州产业技术创新的重要内容。包括提供完善的保证创新的基础设施，以及有利于创新的社会环境。推动政府职能从研发管理向创新服务转变。健全普惠的创新政策体系，推进科技和经济政策、供给侧和需求侧政策更好结合,畅通创新成果转移转化渠道,强化创新链、产业链和市场需求的衔接。引导社会资本参与建设社会化技术创新服务平台,推动分布式网络化的创新,孵化创新型小微企业。利用区域创新综合载体,优化创新能力布局,积极融入全国、全球创新网络,更深层次地参与国际分工。培育开放公平的市场环境,营造崇尚创新的文化环境,鼓励多样化创新主体健康发展。

一是完善自主创新政策环境。要按照市场经济规律,针对科技创新主体制度设计、创新资源配置、创新环境营造、创新投入、创新评价奖励等方面的问题不断健全和完善法规体系。在充分调研分析全市科技发展现状的前提下,研究制定更加灵活、更加开放、更加优惠的促进自主创新政策措施,打造政策合力;适时制定、修改相关扶持政策,使得优惠政策更贴合实际、更易于落实,更能促进郑州自主创新工作。

二是深化科技管理体制改革。深化科技管理体制改革,消除体制机制障碍。要建立政府部门之间的联动和有效的科技发展宏观协调机制,完善推进自主创新的宏观管理体制和运行机制,打破部门之间、市县区之间相互隔离的状况,形成科技部门牵头抓总、有关部门协同配合、市县区集成联动、专家咨询与行政决策相结合的科技管理新格局。要通过政府的经济、科技、外贸和产业部门之间的协调,制定相互衔接、互相配合的产业政策、科技政策和政府采购政策,促进自主创新活动协调、有序、高效地开展。改革科技评价体制,建立更加科学的创新评价体系,强化对各类创新活动和创新机构的科学合理的评价,引导郑州创新方向和创新资源的优化配置。

三是创新产权运用和保护机制。知识产权作为自主创新成果的主要形式,是创新人才持续不断创新的动力源泉,也是提高自主创新能力的重要推动因素。科技经济竞争形势的变化,要求加快完善知识产权管理体系,引导企事业单位建立和完善专利、商标、技术秘密等知识产权方面的管理制度和措施,提高企事业单位运用知识产权制度的水平。郑州要加大知识产权保护、行政执法和市场监管的力度,拓展知识产权保护平台。建立跨部门、跨地区的协调联动机制,依法严厉打击假冒、盗版、侵权行为,营造有利于自主创新和产业发展的市场环境。

12

郑州市民间投资的现状及建议

郑州市科学技术情报研究所　郭　岭

当前,我国经济发展进入了新常态,新常态下的非公有制经济发展也面临着前所未有的机遇和挑战。2016年以来我国民间投资出现了明显下滑现象。第一季度,郑州市民间投资增速比去年同期回落19.6个百分点。从成因分析看,有短期形势波动的影响,也有长期累积的结构性问题。鉴于当前民间投资受企业投资信心不足、"融资难、融资贵"导致的民间投资资金紧缺、PPP模式政策创新不足等因素叠加影响,2016年乃至今后几年,如果不采取有力措施,民间投资增速持续下滑的态势恐将延续。

一、郑州市民间投资的基本情况

(一)概述

郑州市统计局数据显示,2016年一季度,郑州市民间固定资产投资(以下简称民间投资)完成680.6亿元,同比下降1.3%,比2015年同期回落19.6个百分点;占全部固定资产投资的比重为65.7%,比2015年同期减少11.3个百分点。民间投资增速大幅回落,低于全部投资增速,结束了多年来持续较快增长的状况,显示当前市场需求不足、投资意愿下降的矛盾已十分突出。

(二)投资结构分析

(1)工业民间投资增速整体回落,制造业民间投资降幅扩大成为主要影响因素。一季度,工业民间投资192.4亿元,同比下降10.2%;占民间投资的比重由2015年同期的31%回落至28.3%,下拉整个民间投资增速3.2个百分点。

工业民间投资中,制造业民间投资降幅扩大。一季度制造业民间投资完成174.8亿元,同比下降10%,降幅比去年同期扩大12.6个百分点,比2015年全年扩大12.2个百分点;占民间投资的比重由去年同期的28.2%减少至25.7%,下拉整个民间投资增速2.8个百分点。制造业民间投资占全部民间投资比重较高,其增速的持续下滑是导致民间投资增速下滑的最主要原因。

(2)基础设施民间投资保持较快增长,比重提高。一季度,基础设施民间投资完成57.3亿元,增长17.1%,比同期该领域全部投资增速高2.6个百分点;占民间投资的比重由去年同期的7.1%提高至8.4%,拉动整个民间投资增长1.2个百分点。占全市基础设施投资的比重为30%,比2015年同期提高0.6个百分点。基础设施中民间投资增长较快的行业主要是水利、环境和公共设施管理业,一季度完成投资33.8亿元,比2015年同期增长29.1%,拉动全市民间投资增长1.1个百分点。

(3)科、教、文、卫领域民间投资增速下降。一季度,科学研究和技术服务业、教育、文化体育和娱乐业、卫生领域民间投资20.3亿元,同比下降24.3%,比全市民间投资增速低23个百分点;占民间投资的比重由去年同期的3.9%回落至3.0%,比2015年同期回落0.9个百分点。其中,科学研究和技术服务业民间投资下降64.9%、教育行业民间投资下降7.8%,卫生和社会工作行业民间投资下降39%,文化、体育和娱乐业民间投资增长41.2%。

二、影响郑州市民间投资增速回落主要因素

从一季度数据上看,民间投资增速下降是工业民间投资和科教文卫民间投资大幅下降造成的;从深层次看,市场需求不足导致企业投资信心不足、"融资难、融资贵"导致的民间投资资金紧缺、PPP模式政策创新不足等几方面因素叠加,直接影响了民间投资的增长。长期来看,郑州市民间投资增速下行压力依然较大。

(1)市场需求不足导致企业投资信心不足。受"三去一降一补"政策和积极的财政政策影响,一季度郑州市规模以上工业增加值增长7.7%,低于上年同期2.2个百分点,这与全国、全省规模以上工业增加值增速的变化趋势相一致;1~5月份,郑州市规模以上工业增加值同比增长5.1%,较1~4月份回落2.1个百分点,较上年同期回落4.6个百分点,增速分别低于全国、全省平均水平0.8、2.7个百分点。

(2)"融资难、融资贵"困扰民间投资。郑州市中小企业"融资难、融资贵"现象普遍存在。究其原因,融资难,主要难在"缺信息、缺信用"。小微企业本身信息不够透明,银行难以全面获取并准确识别信息,加之其较难提供银行普遍认可的抵质押担保措施,所以其获贷能力有限;融资贵则主要贵在担保公司和过桥成本。虽然商业银行贷款利率基本不超过8%,但加上担保或者过桥获得的贷款,其融资成本将大幅提升。

(3)新增土地供应规模变化影响民间投资。新增用地和盘活存量空间是新增投资的前提。2016年是"十三五"开局之年,随着经济社会阶段性特征和主要矛盾的变化,新型城镇化的工作重心也将发生转变,要由"以拆开路、以拆促建"向"以建为主、提升品质、扩大成效"的阶段转移。城市边界、园区边界基本确定,新增土地供应的空间势必压缩,一定程度影响郑州民间投资规模。

(4)民间资本进入政府投资领域还有待政策创新。PPP项目是引导社会资本进入政府投资领域的有效载体,但从实施的情况来看,PPP落地项目少,且以央企、地方国企异地投资为主,社会资本并不积极。2015年4月9日,郑州面向全国发布32个PPP项目,2016年2月25日,郑州市第一个PPP项目郑州市107辅道快速化工程正式施工。就2014年12月财政部公布的30个PPP项目来说,目前只有3个落地,其中2个示范项目在公布前已签约。究其原因在于PPP还面临诸多政策不确定性,表现为政策标准、管理规范、权属划定等方面存在较多不确定性,这也是项目业主积极性不高、社会资本观望的主要原因。同时,现有BT、BOT等模式虽然实施较多,但BOT对特定项目现金流要求比较高,BT对地方政府短期内还款压力较大,还鲜有其他创新模式成功的案例。

（5）民间投资资金实际到位资金增速低于投资增速。一季度，郑州市民间投资实际到位资金731.1亿元，同比下降3.0%，低于全国民间投资增速1.7个百分点。从资金来源渠道看，一季度，国内贷款同比增长47.8%，占本年实际到位资金的12.1%；自筹资金下降12.0%，占本年实际到位资金的67.1%。资金紧缺已经成为当前项目建设、招商落地和房地产开发工作中最为突出的制约因素。但融资渠道不畅，银行贷款门槛提高，附加条件增多，贷款审批时间延长等原因导致正规的金融体系远远不能满足企业的现实需求，自筹资金仍是很多项目资金来源的主渠道，民间投资实际到位资金不足会直接影响项目的进展。

三、提振民间投资对策建议

当前稳增长压力有增无减，促进民间投资增速平稳回升是重中之重。建议郑州市市委、市政府抓住国务院督查组督查工作带来的政策机遇，创新举措，着力营造公平投资环境，缓解民资融资难、融资贵问题，提振民间投资信心，推动社会资本进入公共领域，推进政策创新和督导政策落地。

（1）高度重视，将稳定民间投资与供给侧改革结合。

抓住6月22日国务院常务会议精神落实契机，改变过去拉动投资主要采取直接给项目、放水给贷款等粗放方式，把稳定民间投资和供给侧改革结合起来，简化行政审批流程，降低融资成本，进一步降低企业的制度性交易成本，能交给市场的坚决交给市场。

（2）扩大投资领域，引导民间资本参与新型城镇化建设。

一是紧紧把握郑州市新型城镇化由"以拆开路、以拆促建"向"以建为主、提升品质、扩大成效"的阶段转移特征，引导民资积极参与新型城镇化建设，给民资开放更多投资领域。二是加快推进PPP模式样板工程，总结经验，完善措施，扩大宣传，激活民间投资PPP工程项目的热情。三是创新新型城镇化PPP模式内容。研究推动在郑州市大围合区域棚户区改造、公交都市建设和城市功能提升、县城和中心镇功能完善与承载力提升、产业集聚区和组团新区开发、城乡基础设施和公共服务设施建设中引入PPP模式，鼓励社会资本投资。四是研究出台扶持PPP投资方、中介机构的优惠政策，培育第三方市场，为PPP推行提供良好服务环境。

（3）确定投资重点，合理调整投资结构。

2016年第一季度，在郑州市科、教、文、卫领域民间投资增速同比下降24.3%的大环境下，民间资本对该领域的文化、体育和娱乐业的投资却逆风而上，增长了41.2个百分点，充分显示了民间投资对新兴产业的兴趣与热情。因此，建议依据当前郑州经济发展的现状和特点，在稳定投资规模的前提下，重点支持民间投资先进制造业、现代服务业、都市农业重点产业，提高投资运行质量。要大力支持高附加值精深加工工业民间投资和高新技术产业民间投资，把民间投资与加快郑州产业结构优化升级结合起来。要引导民间投资服务业重点领域，把投资重点向金融保险证券、现代物流、科技教育卫生、餐饮旅游、文化服务等新兴服务业行业转移，从而促进郑州服务业的跨越式发展。

（4）加大货币安置力度，促进房地产投资平稳增长。

房地产投资的平稳增长，对促进民间投资增速回升至关重要。2016年前五个月，郑州楼市成交火爆,但高成交量和高库存量并存,下半年楼市交易预计会有所回落,去库存压力有增无减。应继续着力加快去库存化,进一步提高房产企业拿地和投资信心。一是大力推进住房货币化保障,逐步减少安置房和保障房供应。二是将货币化安置范围扩大到人才用房、创业团队办公用房,消化一批住宅和商业办公用房。三是通过租金补贴或产权置换的方式,利用现有空置商业地产,开设养老机构、专业医院等社会服务设施。

(5)严格落实金融支持实体经济发展的各项政策措施

推动银行业金融机构落实国务院相关政策,切实做到对小微企业贷款增速不低于各项贷款平均增速、小微企业贷款户数不低于上年同期户数、小微企业申贷获得率不低于上年同期水平。同时,创新民间投资融资模式,引导金融机构运用大数据等新技术,创新适合民营企业、小微企业的融资模式,特别要推动大型商业银行扩大服务中小企业业务。

(6)优化实体经济发展环境,提振民间投资信心。

在落实工业经济稳增长、深化投融资体制改革、扩大有效投资等政策基础上,进一步加大对实体经济的扶持力度。一是加大财税支持力度。进一步加大减税力度,帮助企业渡过难关,同时引导国有资本联手社会资本共同组成投资基金,进入战略性新兴产业领域。二是营造良好融资环境。加大对中小企业的扶持力度,从法律、政策方面给中小企业融资创造良好的外部环境,完善中小企业服务体系。鼓励企业通过上市、发债等途径拓展融资渠道,提高直接融资比例。三是创新政策环境,营造一视同仁的公平投资环境。加快清理完善涉及民间投资的法规政策,在基础设施和公用事业等重点领域去除各类显性或隐性门槛,在医疗、养老、教育等民生领域出台有效举措,切实解决民企与国企之间的公平竞争问题。四是简政放权,推进"五网一单"改革,深化商事制度改革,推行"三证合一"登记制度,进一步简化登记流程。

13

郑州市新能源产业发展路径研究

郑州航空工业管理学院　卞雅莉

能源是现代经济的重要支撑,是经济发展的驱动力。能源战略是国家发展战略的重要组成部分,能源方式的选择又是能源战略的核心。能源是人类社会存在和发展不可或缺的,但必须高度重视非再生矿物能源枯竭可能带来的危机。有关部门预测,到2025年,全球能源消耗量将比2001年增长54%,工业国家的能源消耗量以每年1.2%的速度增长,包括中国、印度在内的亚洲发展中国家能源消耗量将比目前增长一倍,占全球能源需求增长量的40%和发展中国家增长量的70%。面对全球经济和人口增长对能源的需求、传统能源的日益枯竭、人类生存环境的恶化、发展清洁可再生的新能源是人类可持续发展的唯一出路。为了应对全球性气候变暖的威胁,1997年12月,在日本京都,联合国气候变化框架公约参加国通过了具有里程碑意义的《联合国气候变化框架公约的京都议定书》(简称《京都议定书》)。作为《联合国气候变化框架公约》(United NationsFramework Convention on Climate Change,UNFCCC)的补充条款,该议定书的目标是:"将大气中的温室气体含量稳定在一个适当的水平,进而防止剧烈的气候改变对人类造成伤害。"《京都议定书》规定,在2012年之前,工业化国家包括二氧化碳、甲烷、氧化亚氮、氢氟碳化物等在内的六种温室气体的排放,相对于1990年要降低5.2%,以减少全球气候变暖和海平面上升的危险。这一文件于2005年2月16日开始强制生效。

2009年12月7日,《联合国气候变化框架公约》第15次缔约方会议暨《京都议定书》第五次缔约方会议在丹麦首都哥本哈根召开,这一会议也被称为哥本哈根联合国气候变化大会。来自全球190多个国家和地区的领导人齐聚哥本哈根,商讨未来数年内的全球气候政策。减排指标是此次哥本哈根会议最重要的内容,各国落实减排目标的时间表及发达国家对发展中国家的资金援助、技术转移等具体问题也都列在议事日程中。新能源的开发和应用再次成为全球关注的焦点话题。特别是随着全球性的能源短缺、国际油价不断创出新高、燃煤火电对环境的污染和气候变暖问题的日益突出,积极推进能源革命,大力发展可再生能源,加快新能源推广应用,已成为各国各地区培育新的经济增长点的重大战略选择。

新能源是指新的能源利用方式,既包括风电、太阳能、生物质能等,又包括对传统能源进行技术变革所形成的新能源。新能源产业具有资源消耗低、清洁程度高、潜在市场大、带动能力强、综合效益好等优势,新能源产业是关系能源安全、经济安全、生态安全的战略性产业,也是一个市场潜力大、经济效益好、成长性高、关联度强的新兴产业。新能源产业与低碳经济的发展,将涉及多个产业部门,并将极大地改变人们传统的生产与生活方式,一旦技术上取得重大突破,新能源产业有可能创造新一轮的经济繁荣。全球金融危机的爆发,使世界各国对发展前景广阔的新能源寄予厚望,美国、欧盟、日本、韩国、印度和巴西等各大经济体均将该产业放在了本国经济刺激计划的重要位置,希望通过推动其发展来拉动经济复苏。在此背景下,第四次新能源革命的进程将可能进一步加速,而新能源产业有望成为引领全球经济进入下一轮经济增长周期的重要引擎。历史经验表明,每一次全球经济危机都孕育着新的技术突破,都会催生新的产业变革。在当前的全球能源变革中,新能源被认为是能够同时解决金融危机和气候危机的战略性支点,因而成了新一轮国际竞争的制高点。

一、郑州市发展新能源的必要性

1. "新能源"是发展节能减排产业的必然选择

"新能源"是指在新技术基础上开发利用的非常规能源,包括风能、太阳能、海洋能、地热能、生物质能、氢能、核聚变能、天然气水合物等。以其可再生、清洁化、无污染等优势成为当今经济和社会发展的热点,是一次性能源的升级替代产品,是推动未来经济发展重要的战略资源支撑产业。

不同形式能源有着显著不同的碳含量。按照碳含量和碳排放量的高低,能源可以划分为三类:第一类化石能源即高碳能源,包括煤炭、石油和天然气,其中以煤炭碳含量为最高,石油次之,天然气则最低;第二类生物质能即碳中性能源,主要有植物秸秆和薪材等;第三类无碳能源,包括水能、核能、风能、太阳能、地热能等,这类能源自身不含碳,因此属于"零碳能源"。第二类、第三类中的多数能源通常被称为可再生能源或新能源。

温室气体(尤其是二氧化碳)水平过高导致的全球变暖对人类生活产生了极大的负面影响,而化石能源的消费是产生温室气体的主要原因。目前,我国以一年60多亿吨的碳排放位居全球第一,约占全球碳排放的20%。河南省是以煤为主要能源的省份之一,能源的消耗是大气污染物的主要来源,河南省约90%的二氧化硫和氮氧化物、70%的烟尘排放来自于化石能源的生产和消费。二氧化硫、氮氧化物、烟尘等造成的酸雨、呼吸道疾病等已经严重威胁人体健康和经济发展。这种消费结构给环境造成的压力巨大,以煤炭为主的能源生产和消费结构受环境制约不断增大,煤炭生产引起的地表沉陷、矸石堆积、瓦斯和粉尘排放等对环境影响日趋严重,大量抽放矿井地下水造成地下水位明显下降,燃煤造成的二氧化硫和温室气体排放量逐年增加,改善生态环境的难度和压力增大。逐步优化能源结构、提高能源效率、发展新能源就成为河南省可持续发展战略中不可缺少的重要组成部分。

2. 煤炭、石油等能源资源耗竭是发展新能源的内在要求

从世界能源储量看,如在现有技术经济水平和开采强度下,煤炭可以用200多年,石油可以用40多年。目前郑州使用的能源主要是石油、煤和天然气。随着郑州市经济的快速发展,工业、生活等各个方面都已受到能源危机的威胁。能源发展面临的资源制约越来越大,资源接续能力不强。河南省煤炭资源地质勘查滞后,勘查程度不高,2009年勘查到的煤炭保有储藏量280.91亿吨,仅占全国的2.4%,而由于河南省煤资源的一半还属于薄煤层,决定了必须精采,可供建井的后备精采储量不足,储采比低于全国平均水

平,煤炭后续生产面临较大压力。河南省属石油资源相对丰富的省份,有中原和南阳两大油田基地,目前河南省石油储量5 370.67万吨。按照河南2005年石油终端消费841.06万吨来计算,如果河南的石油都只是在本省消费以及没有新勘探的资源补充的情况下,只够消费6年左右。

近年来,河南省为不断改善能源结构、保护大气环境所采取的措施,使得天然气的供给量逐渐增加。当前河南天然气储量110.42亿立方米,但河南省天然气消费总量逐年增加,天然气市场发育较快,需求量增长速度超过供应量增长速度,存在较大供气缺口。

二、郑州市加大投入,大力发展新能源产业

发展新能源是构建行业竞争新优势、占领行业技术制高点、推进节能减排的加速器。金融危机之后,世界主要国家将新能源产业作为其摆脱危机、实现经济复苏和后危机时代经济发展的驱动力。据统计,2013年郑州市新能源产业规模约15亿元。2014年,新能源产业仍是郑州市招商引资的新热词,在2014年的重点产业行动计划及招商方案中,新能源产业项目的引进是重中之重。

比克新能源新材料产业园目前包括在建的郑州比克电池有限公司年产116 800万AH锂离子电池建设项目、郑州比克新能源汽车年产5万辆电动汽车、比克(汉丰)科技园、比克(中创)创业园和比克公租房5个项目,总投资58.6亿元,占地面积1 400亩。

除了汽车新能源,郑州市的太阳能光伏发电产业发展势头迅猛。自2012年11月1日以来,郑州供电公司共受理分布式光伏项目12项,装机容量24 833.36千瓦。2013年5月15日,郑州市首个分布式光伏项目中牟3.3兆瓦薄膜太阳能光伏发电站工程顺利并网发电,平均每年发电303万千瓦时,可满足2 000余户家庭年用电需求。2013年8月19日,郑州首个个人光伏项目上街张文学4千瓦个人光伏项目并网发电,每天平均发电15千瓦时左右。此外中船重工713所在新疆投资建设了若羌一期20兆瓦光伏电场、博湖一期20兆瓦光伏电场,并实现并网发电。

依托光伏能源,郑州市又延伸产业链条,形成晶体硅太阳能电池和薄膜太阳能电池两大技术路径,河南义鑫威新能源科技有限公司已建成4条单、多晶硅电池片生产线,产能达到210兆瓦;2013年多晶硅电池片产量达到2 160万片。河南保绿能源建成了100兆瓦硅锗合金薄膜太阳能电池及其组件生产线。此外,在硅片辅料加工、光伏组件、光伏逆变器、汇流箱、直流配电柜、太阳能路灯等领域均有企业生产。

郑州市范围内的具有开发价值风能资源主要分布在新密、新郑、登封和巩义境内。目前陆续开展了勘测、测算等前期工作。河南天润风能有限公司在新密市规划投资风电场两个,尖山和袁庄各50兆瓦。尖山风电场为一期开发项目,风场平均海拔800米,年平均风速每秒6.9米,年有效风时2 500小时,1.5兆瓦风电机组33台,年发电量1.2亿千瓦时,项目工期12个月,电能并入豫中电网。大唐新能源有限公司在巩义市康店镇、河洛镇、涉村镇、新村镇、夹津口镇等地,开发建设150兆瓦风电场。

正是认识到了新能源在未来产业中的战略意义,郑州市以项目为依托,快速推进。目前,中国大唐集团新能源股份有限公司巩义新中镇、涉村镇等建设150兆瓦3个风电场项目,中电装备登电登封市风电有限责任公司48兆瓦风电项目,登封市瑞新商贸有限公

司年产5万套环保节能太阳能供暖系统,河南金土地煤气工程有限公司年产1 000套生物质能综合利用生产项目,河南红苜玻璃幕墙装饰工程有限公司新型太阳能光伏幕墙产业化基地项目等一大批项目已开工建设。

华润电力投资有限公司河南分公司总投资9亿元的分布式能源项目即将开工。河南中原昆仑能源开发有限公司登封天然气综合开发利用项目、龙门集团巩义环保再生能源设备生产项目、北京洁源新能投资有限公司新密50兆瓦风力发电厂、深圳市比克电池有限公司比克新能源新材料产业园等项目已签约。

有了这些良好的基础,在河南义鑫威新能源科技有限公司、中国船舶重工集团公司第713研究所、郑州荣锦绿色环保能源有限公司、郑州侨联生物能源有限公司等近20家重点企业的带领下,2014年,郑州市的新能源产业迎来燎原之势,大力推动产业升级、节能减排。

三、郑州市新能源产业发展的对策建议

目前,郑州战略性新能源产业的发展已初具规模,政府应加快建立健全有利于新能源产业发展的机制,加快培育新能源产业,形成新的增长支撑。从为保护生态环境和降低二氧化碳排放量,促进社会经济和环境的协调发展这个角度对郑州经济发展长远考虑,必须着力规划郑州对新能源产业的发展。总而言之,发展低碳经济是大势所趋,以大力发展新能源产业来逐步替代传统的化石能源是郑州能源结构调整和经济增长方式转变的关键环节,也是解决郑州能源供需瓶颈以及减轻环境压力的有效途径。大力发展新能源产业是实现低碳化和均衡能源结构的长远之计。新能源产业的发展是在内部和外部各动力因素的共同作用下推进的。为了促进郑州新能源产业快速发展,提出以下几点策略和建议。

1. 提高企业自主创新能力,突破关键技术瓶颈

发展战略性新能源产业,必须提高企业的自主创新能力,突破核心技术瓶颈,加快将科技成果转化为现实的生产力。就目前河南的光伏行业而言,技术上的创新主要体现在多晶硅提纯技术、单晶硅和多晶硅炉的国产化、切片设备国产化,晶体硅电池转换效率的提升,电池及组件生产自动化水平的提升,薄膜电池的生产和研发,并网设备的技术提升等方面。积极开发应用新能源的先进技术,提高创新能力把技术创新作为提升产业综合竞争力的重要手段,积极提升郑州能源产业的整体技术水平。推动大中型能源骨干企业建立技术中心,促进企业与高校、科研单位的合作与联合,加快建立以企业为主体、产学研相结合的技术创新体系,提高技术创新能力。整合能源产业现有研发、制造、教育资源,加快人才培养,完善技术和产业服务体系,积极开发并推广可再生能源使之低成本规模化。

加快建立健全自主创新体系,提高自主创新水平,政府加强制定扶持政策,突出企业研发主体地位,以市场为导向,加大新能源产业核心技术和共性技术的研发力度,抢占新能源技术的制高点。一是建立健全技术研发体系,鼓励扶持大中型企业设立技术研发中心,提高企业研发地位,推进企业多出科技成果。二是建设以创业中心、生产力促进中心、企业孵化器为主体的创新服务体系。充分发挥中介机构的桥梁和纽带作用,积极扶

持中介服务机构的发展,形成政府、企业、高校、研发机构相统一的研发体系。三是加快制定健全自主创新体系,突出企业研发主体地位,努力扶持高新技术企业加强技术研发,多出科技成果,同时,积极搭建科技成果转化平台建设,提高科研成果转化服务水平。四是建立人才创新激励机制,建立科学的人才考核奖惩机制,提高企业技术人员自主创新水平。五是完善新能源产业信息交互服务平台,为全市新能源企业提供技术信息服务,引导产业发展。六是进一步提高企业服务水平,要积极主动组织开展重点项目的监测、监督、观摩等活动。高度重视新能源产业人才培养,依托郑州大学、解放军信息工程大学、河南省生物质能源重点实验室、河南省硅材料·光伏产业院士专家工作站等,鼓励骨干企业、科研机构和高校联合建设人才培养基地和博士后工作站。

2. 加大科研投入,完善能源市场机制,引导新能源产业发展

郑州市新能源产业发展正处在一个刚起步的阶段,大部分新能源产业的技术都还不成熟,正处在产业化初期阶段和技术研究开发阶段,并且由于科技经费的投入不是很足,阻碍了新能源产业核心技术的自主研发的速度。加大科研经费投入对新能源产业的提升主要体现在技术层面,这将是对一个产业的质的提升。虽然郑州市的新能源产业发展进程已经有比较长的时间,但是区域发展极其不平衡,并且大多数地区的新能源生产设备仍在使用世界上落后的老式机械。世界上新能源生产设备较好的机械对于刚起步的新能源企业来说都过于昂贵,并且郑州在新能源产业生产设备的科研投入力度又比较欠缺,这就客观上制约了郑州新能源产业发展提升的进度。因此,加大科研经费投入将会加快新能源产业的技术研发速度,从而再充分发挥掌握的核心技术来推动新能源产业的快速发展。

科研投入除了用于新能源产业生产设备和基础设施改造以外,更应该大量投入到新能源产业的高新技术中。从本质上来说,生产设备和基础设施的大力改造和建设只能增加新能源产业的数量,并不能从根本上改善新能源产业的效率。国际工业化经验表明,进入产业化成熟期以后,科技创新引领的产业高新技术会从根本上决定一个产业的发展趋势。发展核心技术对新能源产业的改善具有根本性的作用,而加大科研经费投入和建立相应的科教体制正是促进技术创新的源动力。因此,为了发展新能源产业,郑州市应在重视新能源产业生产设备和基础设施的建设和改造同时,加大产业整体的科研经费投入,以促进拉动新能源产业的技术创新,从而推动郑州新能源产业的快速发展。在保障高新前沿的技术对郑州新能源产业起到支撑作用,郑州新能源产业的技术开发利用要紧密结合中国的能源战略和各地区的实际情况,做好长期的发展规划。在研究成熟的现有技术方面,争取走科研和产品相结合的道路,形成技术对产品的生产率直接挂钩的效果,并且把降低产品的成本纳入技术支撑的范围,尽可能地提高技术的利用率。而对那些未成熟和未开发的新能源技术,应当加大科技投入到探索性的技术研究中。

建立以政府宏观调控为指导,以市场化为主导的新能源价格机制,以价格机制的市场手段来引进竞争机制,为新能源的产业长久发展增加活力。郑州能源价格还处在相对比较低的水平,使能源的利用得不到最有效的配置,从而影响新能源产业的发展。郑州的各个地方产业和经济发展情况有很大差距,在前期的经济发展过程中,政策性的保护措施是必不可少的,但是从长远的新能源发展道路看,尽快形成市场主导的新能源产业

发展道路,才是增强国际竞争力的必要条件。为此,改变以往的低价格能源路线,以市场调整能源价格水平,尽早和市场接轨才是推动新能源发展的方法。

3. 依据区位特色,发展节能新能源汽车

节能与新能源汽车面临"过渡"与"转型"的双重发展形势,郑州市汽车能源动力系统的科技对策可遵循3条基本技术路线。

首先,开发和推广先进内燃机与混合动力汽车,尤其是中重度混合动力汽车,解决当前紧迫的节能与环保问题,推进动力系统技术转型。重点挂动纯电动车的研发、示范和产业化,促进新能源电动汽车技术创新与跨越。

其次,鼓励河南省高校、科研院所等单位与清华大学、同济大学等国内著名研究机构以及广汽、东风、比亚迪等公司加强技术对接,加强交流合作,促进节能与新能源汽车子系统与零部件产业的技术创新和发展,花大力气推进"郑州市电动汽车产业联盟",对关键零部件进行技术攻关,对基础研究开展分工合作,实现风险共担、成果共享。

再次,研发和应用气体燃料、煤基燃料和生物燃料等汽车代用燃料,促进交通能源来源多元化,同时有步骤地推动基础设施的扩展和转型。

4. 开拓新能源市场和拓宽融资渠道

(1)开拓新能源市场。在政府进行政策支持的前提下,进一步放开新能源市场,引入市场竞争机制,完善新能源产业体系及市场服务体系,提高新能源市场的竞争力。

一是制定新能源政府采购办法,逐步加大政府对新能源产品的采购力度。二是放开新能源市场准入条件,鼓励、支持和引导非公有制经济和社会资本以独资、控股、参股等多种形式进入新能源行业。三是完善技术研发、规模生产、销售、后期运行等一整套鼓励新能源产品的推广与应用。四是加大宣传力度,增强全社会开发利用新能源的意识,营造促进新能源发展的文化和市场氛围。同时企业要通过社会活动、企业宣传等方式不断提升企业品牌知名度。五是加强市场监管力度,建立公开、公平、健康有序的新能源产品市场。六是建立完善的市场服务体系,企业和经销商要诚信经营、诚信服务,保障广大新能源消费者的合法权益。

(2)拓宽融资渠道。营造良好的投资环境,探索建立有效的融资渠道和各种新的融资方式。完善投融资体系,努力突破资金瓶颈,新能源产业的发展需要大量的资金支持,尤其是河南目前风电产业和核电产业刚刚起步发展,大部分项目正在投资建设中,周期比较长,必须完善投融资体系,化解企业融资难问题。

一是强化对新能源产业项目的融资扶持,发挥政府资金的指导作用。设立郑州市战略性新能源产业发展引导基金,围绕新能源产业发展的薄弱环节,统筹关键技术的研发,加快对新能源产业重点领域、重点项目和重点企业的资金支持。二是优先支持符合产业规划导向的新能源重点企业上市及融资。三是积极鼓励企业开展资本经营,有效利用国内外资本市场的融资工具,逐步形成融资结构多元化、融资主体协作化的投融资机制。四是加快风险投资体系的建设。设立郑州市战略性新能源产业风险投资基金,通过参股、风险补助和融资担保等方式,积极扶持和壮大风险投资机构,引导境外著名的风险投资机构来河南拓展风险投资业务。支持采用BOT、BT、TOT、EMC等融资模式建设新能源项目,改善资本结构,化解产业发展风险。六是建立有效的投融资机制。认真宣传贯彻

《中华人民共和国可再生能源法》，研究制定地方配套法规，提高各级政府部门和全社会对可再生能源及其战略地位的认识，鼓励社会各界自愿开发利用可再生能源。积极利用国家促进可再生能源发展的价格、补贴、投资、信贷、税收等激励政策，研究制定配套政策，鼓励和支持郑州市可再生能源的开发利用。

5. 完善新能源产业发展政策和配套体系建设

进一步落实好光伏发电、金太阳示范工程等国家产业发展扶持政策，制定出台电价、环保等优惠政策，加大产业发展支持力度。鼓励企业在国内外上市融资。在贯彻落实国家能源产业发展政策方针的基础上，多管齐下构建和完善郑州新能源产业扶持政策体系，既要有强制性或指令性政策，又要有税收抵免、直接补贴、金融支持等激励类政策；既要有研究开发方面政策，又要有促进市场开拓政策，各类政策彼此呼应、相互促进。

一是加强新能源产业技术创新的扶持力度，对新能源领域的核心和共性的技术加大扶持力度，提高新能源自主创新水平。

二是对新能源生产和消费进行补助，通过投资补贴、设备生产补贴和消费者（即用户）补贴，提高民间资本和国际资本在新能源项目融资中的比重。

三是加快制定新能源企业的扶持政策，制定优惠的财税政策，保障新能源企业尽快做大产业规模，提高市场竞争力水平。

四是实行新能源发电价格的补偿及生态补偿。

五是加强新能源企业的培育和发展，对产品科技含量高、经营者素质较高的高成长性创业企业，降低创业壁垒。

六是建立绿色能源评价标识体系，对于有绿色能源标识的企业，在科研经费、贴息或低息贷款等方面给予激励。

七是建立对高污染新能源行业的监管与约束政策，坚决杜绝引进高污染、高耗能、高耗水项目。

加快配套体系建设，健全新能源相关产品、技术、装备制造等标准体系，建立相应的质量检测认证体系，实施规范的新能源开发利用标准，建立并逐步完善新能源发电并网技术标准。鼓励发展以资源勘查、工程设计、工程建设、技术咨询、检测认定、知识产权保护、风险投资、设施维护为主的产业服务体系。认真落实国家关于新能源发电项目接入系统建设的有关规定，加强配套电网规划和建设，保障新能源发电的及时接入。支持电网企业进行智能化电网改造，提高电网吸纳新能源电力的能力。

6. 加强人才和载体建设

（1）构建人才支撑体系。大力引进和培养新能源产业的前瞻性、高素质专业人才，建立多层次的新能源产业人才支撑体系。

一是重点引进一批新能源产业急需的具有国际先进水平的战略科学家、科技领军人和科技企业家，引进具有研究基础和技术积累的研究团队。二是组建若干个新能源重点发展领域的专家队伍，把脉郑州市的新能源产业规划和发展。三是要加快培养人才，建立新能源产业高技能人才培养基地。重点培养原始创新人才、工程化开发人才、高级经营管理者、高级技术工人等各类高技能人才。四是营造新能源产业发展创新创业良好氛围，落实管理、技术、知识等要素参与分配的政策，吸引国内外优秀人才来基地创业。

(2)加快载体建设。发挥新能源产业载体优势,优化空间布局,规划引导,重点推进,打造国内一流的新能源产业集群。

一是统筹规划新能源产业集聚区,优化产业发展空间布局,促进产业集聚发展。重点推进新能源产业基地建设,促进产业集聚发展。加快引进新能源产业的好项目、大项目,形成完善的产业链条,加快新能源产业集聚,做大产业规模,提升综合竞争力,培育一批各具特色、错位发展的新能源产业基地,打造世界级、国家级一流新能源产业集聚区。二是紧紧围绕新能源产业基地的建设目标,做好新能源产业规划和基地开发建设规划。三是积极做好大项目推进工作。对重大项目进行跟踪服务,对重大招商项目在立项报批、规划选址、用地、资金扶持和基础设施配套等方面予以优先保证,努力让条件具备的项目尽早落地生根。四是积极引进几个行业龙头企业,培育一批新能源产业骨干企业,健全完善产业链条,在新能源技术研发和产品生产上形成核心竞争力,并进入国际市场,提高新能源技术和产品在国际市场的影响力和竞争力。

7.搭建服务平台,营造一个良好的环境

(1)搭建服务平台。依托现有高校重点实验室、有关研究院所等科研机构,建立公共服务平台,建立新能源研究院、风电研发中心、绿色电池等产业联盟,开展核心技术研究,加强技术跟踪,推动新能源技术创新能力提升;建立行业协会、产业联盟组织及产学研用创新联盟组织等,加快行业内部信息交流,服务于科技成果转化和产业化,为产业整体发展提供保障服务。鼓励中介机构围绕新能源产业开展创业、技术交易、会展、项目管理、培训教育、知识产权、咨询评估、经济委托等社会服务,提升服务质量,为产业发展提供有力支撑。

(2)营造一个良好的环境。郑州市新能源的产业建设是河南省"十二五"规划的重点项目,打造经济强市,离不开节能环保的能源产业支持,市政府把新能源产业的发展放在调整产业结构的重要地位来抓,让郑州市的新能源产业走在全国的前列,形成一批有影响力的新能源产业集群,为河南的经济添加新的增长点。大力宣传发展新能源产业有利于改善日益突出的环境问题,激发当地民众和企业的积极性,让当地民众接受新能源的推广和普及,最终为新能源的发展奠定良好的发展基础。通过结合丰富新能源产业资源,优化新能源产业优惠政策和完善相应的市场机制,为郑州市发展新能源产业创造良好的环境,从而更好地引进新能源技术和人才,吸引更多的企业来郑州发展新能源产业。把发展新能源产业作为郑州发展低碳经济的战略规划,这是多、快、好、省发展新能源产业的有效措施。综合郑州的现状和经济实力,我们要把政策的扶持力度和人才技术的培养范围结合起来,走出一条适合郑州发展的特色道路,把社会的各种力量和资源吸收到新能源产业建设当中。

新能源产业发展对于优化经济结构,形成新的经济增长点具有重要的作用。报告从新能源的基本概念界定出发,梳理了研究的理论和方法基础;对郑州新能源发展现状进行了分析,提出了发展中的不足,对发展环境进行了深入分析,提出了郑州新能源产业发展的机遇和面临的挑战;从宏观层面对郑州能源利用情况有了总体把握;针对郑州新能源产业发展存在的问题,提出了相应的发展对策,为郑州新能源产业健康快速发展提供了有效保障。

当前,郑州正处于新能源产业的培育发展阶段,取得了一些成绩,积累了一些成功的经验,但还有很多问题需要解决,有关新能源产业发展方面的研究,也才刚刚起步,许多研究工作还停留在理论上的探讨,实践性较差。本文针对郑州新能源产业发展进行了一些研究,取得了一些研究成果,但就有关问题的研究还需要进一步深入,还需要进行大量的理论研究和实际探索。

14

中牟借力郑州航空港经济综合实验区发展问题研究

王春涛

随着全球经济一体化的程度越来越高,区域经济一体化发展也不断深入,分工、合作、交流、共享、竞争等是推动区域经济发展的核心理念。近年来,国家新型城镇化战略、"一带一路"、中部崛起等重大国家战略的实施,中原经济区、郑州航空港、中原城市群等先后获批复,河南省进入快速发展时期。特别是2013年国务院批复的《郑州航空港经济综合实验区发展规划(2013—2025年)》,将郑州航空港区定位为"国际航空物流中心、以航空经济为引领的现代产业基地、内陆地区对外开放重要门户、现代航空都市和中原经济区核心增长极",围绕这一定位,郑州市航空港作为中原经济区腾飞的强大引擎和核心增长极,进入增长极成长期。郑州市航空港是中原经济区崛起的战略突破口,在新的经济发展形势下,人流、物流、信息流、资金流等经济的各种要素将逐渐向机场周边、向航空港流入,作为航空港的近邻中牟既面临着与之竞争的挑战也有合作共赢的机遇。研究中牟如何与郑州市航空港经济综合实验区全面对接、如何借力航空港发展问题的实质便是理顺增长极与近腹之间的最优发展规律,围绕增长极发展阶段的变化及自身的条件,积极谋划与郑州航空港对接的着力点和突破点,着力抓好优势产业、现代服务业和基础设施等方面的提升对接,主动有准备、有步骤、全方位地融入航空港增长极的发展链条中去。

一、增长极与腹地发展关系分析

区域经济的发展向来是非均衡发展模式。通常情况,区域经济的全面增长,是有一个增长极或多个增长极向腹地延伸辐射的过程。为此,要在不同的发展区域选择某个节点作为增长极或是核心,通过增长极的极化效应和辐射效应,以带动全区域的经济发展。按照区域经济非均衡发展理论,一般在增长极培育初期,为实现有重点、有差异的发展,较高地发挥资源的使用效率,地方政府将有限的资源、优惠的政策投向效率较高的增长极区域,这样导致极化作用与主导地位,增长极与周边广大腹地之间的差距逐渐拉大。随着时间的推移,进入饱和瓶颈期。区域增长极的增长达到一定规模,极化效应达到了极限,市场处于饱和状态,规模经济效应和积聚经济效应渐渐丧失;再进一步发展,增长极及其腹地就跨入了区域经济一体化时期。该时期增长极极化效应减弱,扩散效应增强,扩散效应占主导地位。随着扩散效应的不断增强,增长极与周围腹地的经济差距将逐步缩小,最终实现整个区域经济的一体化发展。研究增长极发展演变过程,把握各个时期极化扩散效应的作用特点,对现实发展中处理好中牟县与郑州航空港经济综合实验

二、中牟县全面对接郑州市航空港经济综合实验区的机遇和挑战

（一）机遇

区域协同发展模式为中牟县全面对接郑州市航空经济试验区提供了良好的宏观政策机遇，鉴于不少大城市增长极在培育过程中，由于无序过度扩张，出现恶性膨胀，极化效应达到饱和，扩散效应却未能有效发挥，严重影响增长极自身的经济效率，同时阻碍了整个区域经济竞争力的提高。目前，国家在推进区域发展的战略思路上，由原来的单纯培育核心增长极为主导转向区域内部增长极与周边腹地协同发展、联动发展战略。这将有利于避免形成有些地方出现的极化有余、扩散不足，增长极与腹地差距拉大的局面。目前郑州市航空港正处于增长极起步成长期阶段，为了避免出现增长极过度膨胀导致发展不可持续，郑州市已经提出了航空港区与周边腹地的联动发展战略。

良好的地理位置及基础设施条件使中牟独特的区位优势更加凸显。以郑州为中心的"米"字形高速铁路和航空运输中转中心加快形成。空中丝绸之路初具规模，以郑州为亚太物流中心、以卢森堡为欧美物流中心、覆盖全球的航空货运网络加快形成，郑州新郑国际机场开通国际货运航线28条，占中部地区的95%，已覆盖除非洲和南美洲以外的全球主要经济体；国务院办公厅批准9个城市开展国内贸易流通体制改革发展综合试点，郑州位列其中，郑州版的"国际商都"建设呼之欲出。陆空对接、通联海港、多式联运的现代综合交通运输体系日益完善，国际物流中心地位持续上升。当前，郑州航空港区发展如火如荼，经济社会发展健康快速，主要经济指标增速在全省领跑。2015年上半年实验区完成生产总值219.71亿元，同比增长25%，高于全省17.2个百分点；规模以上工业完成增加值157.4亿元，增长29.8%，高于全省21.3个百分点；固定资产投资225.96亿元，同比增长36.8%，高于全省21.1个百分点；一般公共预算收入完成15.45亿元，同比增长49.4%，高于全省40.6个百分点。中牟县紧邻航空港实验区，充分利用区位优势的便利条件，提升自身优势，主动融入航空港产业发展链条，依托自身实际创造并抢抓航空港区的辐射带动作用。

国内外产业转移为中牟主动融入航空港产业链条提供了便利条件。随着经济全球化和区域经济一体化进程的加快，国际国内产业特别是装备制造业、原材料工业、服务业的投资逐步在向中西部转移。在产业区域转移过程中，以郑州为核心的中原经济区具有得天独厚的区位条件和相对雄厚的产业基础、科技条件，决定了在承接产业转移方面具有较大优势，中牟可以充分利用产业大转移的战略机遇期，主动引进与航空港产业能够实现联动发展的相关产业，在与航空港区一体化发展的同时，实现自身产业结构的升级转型。

（二）挑战

一是发展基础相对差的问题。中牟是传统的农业大县，虽然近年来经济社会快速发展，取得了一定的成绩，但总体而言与郑州周边县市相比仍有一定差距，尤其是2012年

的区划调整导致空间上缩减了28%的土地面积、经济上减少了40%的总量、财政上损失了40%的收入、规模以上企业数量减少了50%,发展基础、发展潜力、发展空间大幅削弱。近两年来的经济减缓势头,导致中牟在区域竞争中尤其与航空港的竞争中相对处于劣势,上升为国家战略的郑州市航空港得到了上级政府更多的政策扶持、项目支持、人财物的注入。

二是观念、思路转变问题。行政区划的经济区域、当前的政绩考核体系等束缚了政府官员的发展观,进而影响了对全局的把控能力,制约着区域经济健康持续发展。主要体现在各个区域产业结构趋同,缺乏联动发展效应,造成资源浪费和不可持续性。因此,在当前这个合作、共赢、联动发展的时代,各级政府都应当拓展思路,从全局角度出发,从市场出发,从运用经济规律出发,跳出行政区划、政绩考核的角度思考问题。对于中牟的发展,要放到世界产业转移的浪潮中大视野中,放到新型城镇化主体功能区建设中,放到郑州都市区总体规划中,放到做好航空港增长极的腹地建设中。尤其在分析其作为郑州市航空港近腹之一,如何围绕航空港的主导产业、其他近腹优势,结合中牟汽车、时尚文化旅游、都市型现代农业三大产业及自身优势,实现与郑州市航空港增长极的协调发展、与其他近腹的错位发展,联动发展,形成临空产业及郑州市整体产业融合发展的战略思路。

三、中牟全面对接郑州航空港综合经济试验区的思路和指导思想

(一)总体思路

坚持以邓小平理论、"三个代表"重要思想、科学发展观、习近平新时代中国特色社会主义思想为指导,全面贯彻党的十八大和十八届二中、三中、四中全会精神,立足全球视野,从中原经济区建设、郑州航空港经济综合实验区发展高度,把握郑州作为中原经济区对外开放门户及走向国际竞争载体的新阶段特征,以加快转变经济发展方式为主线,以项目引进和落实为抓手,围绕航空港综合实验区增长极配置产业链条,全面提速以汽车产业为主导的新型工业、不断壮大以时尚文化旅游产业为主导的现代服务业、加快构建以都市型农业为主导的现代农业体系,全面对接郑州航空港核心增长极,构建与郑州航空港优势互补、良性互动、协调发展新格局,实现区域经济联动、区域经济一体化的发展目标。

(二)指导原则

1. 合作共享和市场主导的原则

国内外区域经济一体化实践表明,增长极的带动作用是以按比较优势布局产业,经济资源可以集中、具备统一的市场体系为前提的。我国多年来由于地方保护、市场的行政分割等造成产业结构趋同化,增长极难以发挥扩散效应。因此要通过行政改革、基础设施网络的互联互通,公共服务的共享,市场体系的健全等措施,最大限度为合作共享和市场主导提供便利。

2. 错位发展和联动发展原则

作为郑州市航空港区的近腹之一,要避免近腹之间及近腹与航空综合实验区核心增长极之间的产业雷同,一方面造成近腹之间的恶性竞争,另一方面造成增长极辐射能力弱。因此,我们要以航空港实验区增长极为龙头配置产业链条,坚持腹地之间及腹地与增长极之间的错位发展和联动发展原则,逐步优化郑州市都市区的产业结构,实现区域经济联动、区域经济一体化的发展目标。

3. 重点突破,有序推进原则

坚持先易后难、循序渐进、优化存量、引导增量,积极寻找各方利益结合点,充分调动各方面的积极性,发挥重大工程、重大项目建设的引领作用,实现区域共同利益和战略利益最大化。

四、中牟全面对接郑州航空港经济综合实验区的主要举措

(一)以航空港主导产业为龙头配置产业链条,实现产业对接

坚持以航空港主导产业为龙头配置相关产业链条,逐步建立错位发展、联动发展的产业对接体系。目前航空港处于增长极的初步成长期,其发展思路是依托航线网络的增加,吸引航空物流、航空制造和维修、电子信息、生物医药、航空金融和会展等航空偏好型高端制造业和现代服务业在机场周边集聚并发展壮大,通过不断拓展航空经济产业链,发挥规模经济效应,促进临空产业不断壮大,人口加快转移,促进城市配套生产和生活服务设施进一步完善,最终形成以航空运输和航空制造为核心的航空产业集群,以电子信息产业集群和生物医药产业集群为核心的临空高科技产业集群,及现代临空服务业产业集群。围绕航空港产业发展思路,中牟应充分发挥现有的产业优势,有主次、有步骤、全方位推动产业对接,在协同发展中借力航空港,形成资源共享、功能互补、产业联动、错位发展的合作共赢新局面。

1. 围绕临空物流业和高端制造业,提升中牟三大主导产业

依托航空港实验区的航空物流优势,依据中牟自身的汽车产业发展实际,把握全球汽车低碳化、信息化、智能化发展趋势,重点发展新能源汽车、智能汽车,提升产业配套能力,实现产品系列化、高端化。加快郑州比克电池、比克新能源汽车的建设和新产品研发速度,关注科技前沿,积极引进高科技企业,完善新能源汽车产业链条。依托现代服务业优势,提升中牟文化创意旅游产业,将中牟打造为全域旅游新城。随着港区会展、金融、研发、总部经济等现代生产性服务业的兴起,周边群众对生活质量的要求不断提高,现代服务业将成为新的经济增长点,中牟可以此为契机,打造时尚旅游产业。以郑州国际创意产业园建设为主体,依托方特水上世界、欢乐世界、梦幻王国系列项目,加大招商引资力度,引进更多"三力型"企业入驻,加快建业华谊电影项目、国际地理标志展览中心等项目建设,打造国际化、现代化时尚创意文化旅游新城。围绕港区临空型现代服务业的兴起,深入挖掘自身区域资源优势和产业特色,进一步发展现代农业,重点推动农业经营产业化、农业功能多元化、农业设施现代化、农业发展科技化、生态环境优良化,构筑集现代农业生产、科技示范、休闲观光和生态涵养等功能于一体的新型都市现代农业格局,打造

能够接受航空港增长极人流、物流、资源辐射的后花园和现代农场。

2. 围绕港区的消费人群及社会消费需求趋势，发展文化旅游产业

经济发展进入新常态，我们已经从生存型阶段迈向促进人的全面发展的发展型阶段，随之，消费需求结构也将从生存型消费向发展型消费升级，文化旅游就成了新的发展方向，休闲度假消费将普遍化、日常化。而航空港区作为商务中心，缺乏休闲度假的空间。因此，中牟应围绕文化旅游下功夫。

一是对当前的文化旅游业进行升级改造。围绕旅游产业发展统筹谋划交通枢纽建设、市政设施配套建设、智慧城市建设、文化文明建设等工作，推动城市功能完善和旅游产业发展有机结合、相互促进，把旅游元素融入城市建设的各个方面，按照"城乡即景、景即城乡"的旅游发展新要求，实施城乡景区化战略，把全县作为一个大景区来规划建设，发展全域旅游，用旅游的吸引力、亲和力、辐射力来充实和提高城市硬实力。强化城市人文精神，提供优质、周全、人性化的旅游服务。要提升旅游服务意识和观念，营造规范有序的旅游市场秩序，建立便捷的旅游咨询服务系统，构建诚信旅游服务及监管体系，以机制改革激活旅游产业发展活力，进一步丰富旅游产业业态，提高旅游产品品质，树立世界旅游城市的良好形象。

二是对旅游受众进行分类，以大型旅游综合体项目建设为抓手，打造适合不同类型人群的旅游载体。重点推进华强三期美丽中国三部曲、华特迪士尼、国际马戏演艺王国等主题游乐园区建设；打造涵盖特色五星级观光度假酒店、主题式酒店、会议酒店等高端度假酒店集群，提高高端游客接待能力和服务水平；要打造国际旅游休闲目的地，必须提升商贸游憩业，为游客提供购物、娱乐、休闲的消费场所，重点打造以大型购物中心和特色商业街区为龙头的都市商贸游憩综合体，营造良好购物环境，完善配套设施，强化文化融入，吸引高端消费群体；推进体育事业与旅游产业的融合发展。建设具有国际专业水准和个性特色，规模化的集住宿、专业运动、康体健身、会议等多种休闲旅游产品为一体的户外运动旅游综合体类项目，打造康体养生旅游目的地；利用绿博园、方特、雁鸣湖、中牟国家公园等资源，打造供中牟周边群众周末休闲的绿色中心。

三是推进各个产业与旅游休闲业的融合发展，提升产业档次。旅游休闲业涵盖旅游度假业、文化娱乐业、运动康体业、休闲农业、装备制造业等产业。在旅游服务业态方面，推动各种社会资源转化为旅游产品，进一步推进产业融合发展。在做好当前都市农业旅游开发的基础上，充分挖掘战略性新兴产业、先进制造业、新型都市工业、生产性服务业、创意产业以及各类新兴产业资源，创新开发工业旅游景点，建成新能源汽车生产观光线、汽车后市场展示线，丰富工业旅游内涵。

3. 依托港区生物医药产业集群，培育壮大健康养老产业

老龄化是当前的发展现状和趋势，依托航空港区生物医药产业集群，积极发展健康养老产业不仅为吸引高端人才提供了有利条件，同时，巨大的老年人群为养老设施和医药保健等服务行业的发展提供了重大发展机遇。

一是高端医疗服务产业。要以构建高质量的医疗保健体系，高质量、可负担的医疗和保健服务为目标，探索建立高效便捷的健康管理体系。以技术、政策、资本和人才的有效整合为核心，重点引入肿瘤免疫治疗、基因治疗等个体化治疗和第三方医学检测等领

域的高端技术、新型服务、新兴业态,支持生物医药、医疗器械企业向高端医疗服务领域拓展延伸,建设高端医疗技术公共服务平台,打造以个体化治疗技术为核心的国际高端医疗产业集群,提供个体化、规范化、高质量、一站式的高端医疗技术服务。

二是养老服务产业。加强医疗支撑,建立健全医疗卫生机构和老年护理院、康复疗养等养老机构的转诊与合作机制。推动医养融合发展,探索医疗卫生机构与养老机构合作新模式。建立电子健康档案制度,推行家庭医生服务模式。加强康复和医疗卫生机构建设,建设养老公寓,建设国际一流养老社区。建设老年用品开发中心,积极开发设计养老设备、康复辅具产品、老年用品等。

(二)以新型城镇化建设为载体,实现基础设施和公共服务对接

实现腹地与港区核心增长极的对接,首先要充分利用区位优势,实现公共交通、道路、供水、通信、公共服务等基础设施的对接,降低延伸产业链条的成本。目前河南省正处于新型城镇化建设时期,因此,中牟可以充分依托新型城镇化建设,实现中牟全域与港区的基础设施对接。

1. 优化中牟空间布局

根据资源环境承载能力、现有开发程度和发展潜力,综合考虑人口分布、产业结构、城镇布局、交通网络、自然资源、生态环境等因素,优化功能分区,构建功能协调互动、空间舒展有序的城镇体系。优化城市空间布局,按照80%以上人口住在县城,剩余20%的人口住在新市镇和新型社区的人口布局,强化新市镇在未来产业拓展、人口集聚的载体功能,逐步形成"主城—新城—新市镇—新社区"协同发展的良好格局。

2. 推动以路网为重点的基础设施建设

坚持规划先行,修编对接相关规划,统筹城乡基础设施布局,大力推动公共交通、电力、供水、通信、消防等基础设施的全域化铺设,并能够与港区对接。助推两地的协调发展。

一是加快路网建设。目前连接港区、中心城区、产业集聚区、新市镇、新型社区的交通路网体系已初步形成。新建城乡道路20条、总里程239公里。其中,国道310南移、107东移、机场至西华高速等干线公路3条,中店路、梁冯路等新型社区道路10条。

二是完善城乡供电、供热、供水、通信等设施。重点加强城镇供热、供气设施建设,提高覆盖率和供应保障效率。加快城乡信息基础设施建设,积极推进电信网、广播电视网、互联网三网融合;加快农村网络工程建设,全面提高城乡信息化水平。

三是加大保障性安居工程建设力度,拓宽住房保障渠道。积极探索解决农村进城务工人员居住问题的机制和办法,将长期在城镇就业和生活的农民工逐步纳入城镇住房保障范围。推动形成以政府为主提供基本保障、以市场为主满足多层次需求的住房供应体系。

3. 逐步实现公共服务资源的城乡共享化

完善的公共服务是推动生产要素集聚的重要条件。在中牟当前发展的基础上,主要在加强文化、教育、娱乐、医疗、卫生等与人们生活密切相关的公共服务设施方面下功夫,推动城市公共服务向城镇延伸覆盖、现代城市文明向新农村辐射,提升中牟县的公共服

务水平。

一是加大新市镇社会事业投入,优化公共资源的均衡配置。推动新市镇义务教育阶段中小学标准化、教育信息化、教育设施建设,提高新市镇义务教育均衡发展水平。加大新市镇中心卫生院、社区卫生服务站、村卫生室的建设和改造力度,实现新型医疗服务设施全覆盖。大力建设新市镇综合文化服务中心、社区文化活动室、全民健身活动中心、体育场地等设施。统筹城乡就业和社会保障,稳步推进城乡户籍、就业、低保、医疗保障、养老保障、住房保障等制度并轨。推进农村富余劳动力就地就近就业、创业。逐步形成城乡一体的基础设施体系、均衡发展的教育体系、公共卫生体系、公共文化服务体系和公共财政体系,逐步实现城乡基本公共服务均等化。

(三)以制度安排和行政改革为突破口,实现市场(政策)对接

增长极能够有效实现扩散效应的前提是拥有一个比较完善的市场经济环境。在实际操作中,由于地方各自为政,市场分割,严重影响了产业分工和合作体系的形成,使得资源要素很难向增长极以外地区扩散。因此,中牟要坚决以体制机制为突破口,最大限度实现要素的自由流动,实现航空港与中牟的要素市场无障碍对接,推动区域经济一体化进程。

1. 争取上级政策支持,做出与增长极政策环境均衡的政策制度安排

实践证明相对均衡的政策制度安排,有利于整个区域经济的协调发展。中国沿海地区由于国家各种优惠政策,使得人才、资金、技术流向这些地区,推动这些地区高速发展,反过来高速发展又吸引着各种优势资源的流入,而落后地区始终处于政策制度的劣势地位,使得这些地区很难承接发达地区的扩散效应,区域之间的差距越来越大。因此,在不均衡发展战略开始,就应该注意区域政策不能均衡化问题。郑州市航空港区自2007年开始建设至今,已经获得了很多的优惠政策,从财税、金融、人才保障、要素保障、产业发展、口岸建设、通关便利化7个方面出台81项支持措施,为培育航空港快速发展提供了强大支撑。因此为了预防由于极化效应使得航空港区与中牟的差距过大,导致后期扩散效应不足,要加强与上级部门的沟通对接,积极争取相对均衡的政策制度安排,既要在一定程度上向航空港进行倾斜,又要适度考虑中牟、尉氏等腹地经济的发展,避免由于过度向增长极倾斜,而忽略了中牟等腹地的经济发展,导致增长极与周边地区发展失调,增长极最终失去持续发展的支撑和后劲。

2. 加大中牟自身体制机制改革,发挥市场在资源配置中决定性作用

实现区域经济一体化发展,必须重视市场的资源配置作用。当前迫在眉睫要做的是,加大对自身行政体制机制改革,为生产要素的无障碍流通提供便利条件。一是打破行政分割,探索建立利益共享、责任共担的合作新机制。二是创新行政管理方式,优化行政服务模式,推进行政服务平台建设。三是在制定规划的过程中,注重在规划性质、功能、内容、形式和实施等方面,更加符合市场经济发展规律。

(四)以构建田园城市为目标,做好生态对接

随着人们对生活质量要求的提升,对生态环境的要求越来越高,另外,港区作为高端

产业中心,其对应人群对生态环境要求更高,因此中牟应以构建田园城市为目标,进一步改善生态环境,将会进一步集聚人气,为发展现代服务业奠定基础。

1. 树立生态城镇化的理念,建设低碳中牟

目前推进城镇化建设是中牟的重点工作,要坚持理念创新、体制创新、政策创新、科技创新和管理创新,构建低碳经济、低碳建筑、低碳交通、低碳生活、低碳环境、低碳社会"六位一体"的低碳城市。打造低碳经济,关键是做好结构低碳、基底低碳、方式低碳三篇文章;打造低碳建筑,关键是在落实高起点规划、高强度投入、高标准建设、高效能管理"四高"方针上下功夫;打造低碳交通,关键是探索更高效、更节能、更低碳、更清洁的交通运输模式;打造低碳生活,关键是动员市民从我做起、从小事做起、从现在做起,养成低碳生活方式;打造低碳环境,关键是建立生态补偿机制,构建城乡环保统筹机制;打造低碳社会,关键是确立城市公共治理理念,打造一批低碳企业、低碳学校、低碳机关、低碳社区、低碳园区。强化生产、生活、生态共融理念,基于循环策略、利用低碳技术、发展绿色经济、追求生态文明,创建智慧城市,推动形成绿色生态的建设运营模式和生产生活方式。

2. 建立健全绿色发展机制,增强中牟持续发展动力

充分发挥政府引导和市场机制的双重作用,综合运用多种手段,引导全民广泛参与,健全绿色发展机制,增强绿色发展能力。围绕产业发展、资源循环高效利用、污染物减排等方面,以加强源头准入和过程集约为重点,完善各项法规标准建设。以可再生能源利用、碳排放和氨氮及氮氧化物等新增考核的污染物减排及绿色发展精细化管理的高标准要求为重点,完善统计、计量、监察和监督考核等基础工作。探索建立政企分开、市场运作的开发建设机制,组建股份制、市场化、专业化的投资公司、合资公司,负责土地整理、基础设施建设、环境治理等,实现基础设施投资、建设、运营、管理一体化。

3. 强化城市管理,提升城市素养和运作效率

严格执行国家建设标准,加强建筑质量管理,高标准推进城市建设。保护和传承中原历史文化,注入现代文化元素,提升城市建设的文化内涵。加快建设智慧城市,提升城市对信息的全面感知和利用能力。树立以人为本、服务为先的理念,加强城市供水供气供电、公交和防洪防涝设施等建设,坚决治理污染、拥堵等城市病,让出行更方便、环境更宜居。引入市场机制,建立科学合理的城市治理模式,提高城市治理效率和服务质量。大力推进智慧城市建设,全面提升城市规划建设管理的信息化、智能化、便捷化、现代化和精细化水平。

4. 强化以人为本的交通体系建设,强化绿色发展的基础设施支撑

以提高交通资源利用效率为核心,逐步构建立体化公共交通网络,全面增强城市绿色交通承载能力,降低交通领域的资源能源消耗强度。加快快速路网建设,优化路网结构,形成大容量、高效率快速路网;加快打通、改造未实现规划宽度的主干路,提升路网功能;逐步实施次干路和支路网加密,增强居民出行的便捷性。树立行人优先理念,围绕建设人性化、生态化、集约化综合交通运输体系的总要求,加强天桥、地下通道等行人过街设施以及自行车交通设施、道路林荫绿化、照明等设施建设,改善居民出行环境,保障出行安全。

郑州市社区音乐文化发展研究

郑州航空工业管理学院　孙梦洁

音乐通过心灵对流动音响的审美感受,以一种潜移默化的精神力量影响着社会的发展,而社会则以强有力的政治、经济力量宣传和支持音乐艺术的发展。随着城市化进程的加快和城市社区建设的发展,社区文化在现代社会中扮演着越来越重要的角色。音乐作为文化的载体,对文化的交流与传承具有重要意义。社区音乐文化在丰富人们的生活、普及大众音乐、促进社会安定团结、推进和谐社会建设等方面都发挥着重要的纽带作用,同时,也有力地促进了社会文化环境的形成和发展。音乐是社区居民喜闻乐见的一种艺术形式,社区文化建设需要音乐艺术。

河南社区音乐文化是河南民族民间文化的重要组成部分,随着社会的发展,社区音乐在河南有着广泛的民众基础和生命力,其文化特征深深地烙印在每个老百姓的心中。人民群众在物质文化生活水平提高的基础上,也需要精神文化生活,而音乐的多样性和趣味性使其成为百姓的首选精神食粮。社区音乐活动使每个参与者不仅通过音乐实践能学习专业知识,提高艺术素质和思想道德水平,而且还能使人产生乐观向上的精神动力,保持健康舒畅的身心状态,凝聚所有的群众,交流思想和感情,增进社会的文明建设。对郑州市社区音乐文化的研究,也有利于提升河南的形象和品牌价值,具有现实的指导意义。

目前,在文化大发展、大繁荣的背景下,如何使郑州的社区音乐文化独树一帜,并持续传承和发展也成为河南音乐爱好者需要思考的问题。

社区音乐活动是群众性的集体音乐活动,它在活跃社区音乐生活,提高群众音乐文化素养,促进精神文明建设等方面所产生的影响和作用十分重大。本文通过音乐与音乐社会功能的研究,以河南省社区音乐为例,更多了解到社区音乐艺术通过对社会的真实反映,服务于社会,对人民群众的思想道德情操起到陶冶的作用,使人民群众向往真善美,城市社区音乐活动为构建和谐社会也起到了积极的作用,从而对社会进步起到推动作用。

一、社区音乐的产生与发展

1. 社区音乐的产生

社区音乐的主体没有年龄、性别、职业、社会经济状况或者音乐能力水平等任何条件限制,其最重要的特点就是遵循自发自愿原则。社区音乐的主体大致是根据地域来进行划分的。因此,无论是儿童还是老人,无论是专业音乐家还是业余音乐爱好者,无论站在欣赏者、学习者还是创造者的位置,只要怀有对音乐的热情,都可以成为社区音乐行为的主体。

2. 社区音乐的类型

首先,社区音乐包括了积极参与创造的所有音乐类型。它囊括了地方戏剧表演、合唱团演出、乐队表演、舞会以及个人即兴音乐创作等各种音乐形式,有着极为丰富的内容。而社区音乐区别于一般音乐行为的最大特点在于,它往往能够反映出本地社区的文化生活现状以及居民对于社区生活的期望或构想。

其次,社区音乐的活动地点是没有限制的,它颠覆了音乐行为只能发生在正规学校的课程学习或者歌剧厅演出的常规理念。只要有了行为主体和内容,任何地方都可以变成社区音乐的舞台,如社区广场、社区学校、教堂、街道、私人住所等。

3. 社区音乐的形式

社区音乐是音乐的一种特殊形式,同时也是特定地域的一种文化,可以折射出当地的风土人情、居民的生活水平和价值观等多方面情况。其意义在于为人们提供更易获取的参与音乐的可能性,以生活区域为粗浅的划分原则,以社区为纽带,联结音乐家和音乐爱好者们尝试进行更多的音乐交流与互动,积极地参与和融入音乐,进而达到享受音乐的最终目的。

传统的社区音乐文化活动,有明显的舞台分野;即便没有舞台,哪里是演出区域,哪里是观众区域,必定是一目了然、泾渭分明的。如今,社区音乐文化发展水平较高的国家和地区,诸如西欧、北美发达国家以及日本、委内瑞拉等国,当地的社区音乐教育水平普遍较高。换言之,这些国家和地区的社区音乐文化发展正是建立在较高的社区音乐教育基础上的。

当然,20世纪90年代中后期,随着经济社会的高速发展,一个覆盖全民的基本公共服务和社会保障体系初见端倪,社区音乐文化活动便伴随着建设多姿多彩的城市广场应运而诞生。

二、郑州市社区音乐文化的特点及功能

1. 郑州市社区音乐文化的现状

河南省社区音乐教育主要从20世纪90年代开始起步,全省各地市相继出现街道、社区居民自发组织形成的社区音乐团体,他们在社区街边或广场开展各种音乐教学活动,例如器乐演奏、戏曲演唱和广场舞蹈等。这些活动极大地丰富了社区居民业余文化生活。2000年以后,随着河南省社区文化建设开始加速,郑州市社区音乐教育从政府层面开始被重视,社区音乐教育进入了一个快速发展时期。郑州市社区音乐文化快速发展主要有以下几个原因。

首先,各界群众的积极参与是其兴盛的内在动力。依托于河南省社区音乐文化的发展,郑州市城市社区居民中的专业文艺工作者和群众音乐爱好者的积极参与是社区音乐文化兴盛的内在动力,蓬勃兴盛的社区音乐活动是众多的音乐活动主体的积极参与才得以形成的一种文化与社会现象,也是郑州市社区音乐文化发展的重要原因之一。

其次,城市基础设施的完善为社区音乐文化创造了优美的活动场所。优美的城市及

社区生活环境影响着社区居民的精神世界,他们不可避免地用美妙的音乐与这美好的生活环境呼应,从而使众多社区居民的愉快心声化作各种日常音乐活动,汇聚成一种社会文化现象,形成了独具河南地域魅力的城市社区音乐文化现象。

最后,笔者通过对郑州市区多个社区的走访发现,在各个社区活动场所中以音乐伴奏的健身活动形式多样,有健身操、合唱团、太极拳、腰鼓队等。伴奏乐队有吹打乐、流行歌曲、录音带等形式。这些活动对场地有一定的要求,一般多在公共的绿地、广场、公园开阔地、社区平地及操场开展。郑州市众多社区音乐活动中,大多以合唱团(他们的成员主要以退休干部为主)、广场舞(成员为中老年女性)以及在已建成的专门社区教育机构(如社区学院、老年大学)中开展音乐教学和音乐活动。虽然曲艺活动并不太多,但却是不可忽视的一部分。在郑州市的很多社区活动中,豫剧有着不可替代的地位。从事豫剧活动的以老年人居多,他们会自发形成小规模的团队,定期进行一些集体音乐活动,更重要的是它表现和反映的就是大众的生活,从某种意义上讲,河南豫剧就是河南地区居民生活的再现和还原,也是他们自身情感的表达方式。

2. 郑州市社区音乐文化的特点

(1)社区音乐的大众性。中国社区音乐活动的最大特点是为了陶冶身心的需求而进行的群众自发的群体性行为。随着人们生活水平的不断提高,越来越多的人参与到社区音乐的集体活动中,参与舞蹈、合唱、文艺汇演及比赛等集体音乐活动。当代城市社区音乐文化内容朴实、生活化,使这类音乐与普通人的心理世界联系最紧密。首先,当代城市社区音乐文化形态以各类民族音乐体裁为其日常活动的主要形式。笔者通过走访郑州市多家社区,对社区音乐活动参与人数进行了统计:每次参加社区音乐活动的人数在10~100人。其中10~100人、10人以下和100人以上的比例分别为88%、3%和7%,参与社区音乐活动的人数以群体为单位。

居民们通过社区音乐活动放松心情,更有利于保持心理的健康。在社区音乐这种群体性的活动中,广大参与者追求精神生活的意识明显增强,音乐爱好者参加社区音乐活动动机明确,音乐活动意识强。由于社区音乐活动的对象由不同年龄层次、不同职业、不同类型的人组成,使得社区音乐活动呈现群体、大众性的特点。

(2)社区音乐的本土化。笔者对河南省郑州市社区及周边地市社区公园进行了实地调查,发现各地城市社区群众自发的音乐活动其内容多以民歌和河南特色剧种——豫剧为主。如郑州市中原区"帝湖花园"小区、金水区"群英小区"社区公园内有豫剧演唱、地方民歌演唱等。值得一提的是,河南很多城市社区内公园除一些大众化的社区音乐活动外,更为突出的现象是豫剧演唱的组团现象更为热火朝天。这些参与者的主要特征就是平民化、主流化,甚至偏高龄化。如商丘市"水木清华"社区内就有一个豫剧团体。该团体成员的年龄从55岁到80岁。他们大多以一人为中心,多数人聚集在一起进行教唱和交流,并配有乐器伴奏,演奏曲目大都为豫剧的经典唱段,引起了周围市民的普遍关注和较大的观赏兴趣。如自编自导的各种健身舞,民间传统的秧歌舞、锣鼓舞,地方戏曲音乐,它们大多具有土生土长的地域文化风格,即便是西洋管弦乐队、合唱团唱奏的曲目也大多是具有浓郁民族特色和时代特征的音乐作品,城市社区音乐文化的各类活动从内容到形式都反映着当地社会的现实生活,并且以地方戏曲音乐、民间歌曲、民族舞蹈等大众音乐文化形态为主要活动体裁,体现了河南省城市社区音乐文化的本土化特点。

(3)社区音乐的层次化。郑州市的社区演出活动内容丰富,主题鲜明积极向上,参与者广泛。其参与主体都是生活在社区中的居民。他们绝大多数是没有专业音乐知识的普通群众,其职业不同、年龄迥异、社会经历也各不相同,社区内的居民生活观念、审美爱好、兴趣爱好存在着差别,因此在精神文化方面的要求也有着不同。故此,社区内的音乐活动也存在层次化及多样化现象。

3. 社区音乐文化的功能

音乐已经成为我们生活中越来越重要的组成部分是有目共睹的事实,究其缘由,即音乐具备很多有益于个人以及社会的功能。社区音乐文化建设是社区文化建设的重要组成部分,对建设和谐社区,促进整个社会的音乐文化发展起着不可替代的重要作用。笔者认为当音乐行为置于社区环境下的时候所发挥的作用主要体现在教育功能、社会文化功能、经济功能三方面。

(1)教育功能。教育是社会成员进行社会化的必经阶段,是改造社会风俗的一个良方。在人的社会化过程中,教育是一项必不可少的环节。河南省的各个城市社区作为当代中国社会的一个缩影,发生于其中的音乐活动必然要满足社会制度与主流意识形态的现实要求,即在社会主义精神文明和政治文明的建设过程中发挥社会教化作用。

音乐文化中贮存着可贵的知识信息、健康美好的情感以及传统的道德伦理观念等。比如地方戏曲音乐多以历史故事、人伦道德作为剧情内容,运用各种乐调向人们传达的思想观念更容易被人们吸收和接受,使人们受到了文化知识及社会伦理道德的熏陶;如战斗歌曲在军营中的号召作用,校园歌曲在学生中的陶冶作用,传统歌曲对老年人的愉悦作用等,为小社区群体共识共赏更加有效地发挥特点,为小社区群体共识共赏、就更加有效地发挥教育作用,在健康的文化行为方面起着巨大推动作用。

优秀的音乐作品都是从生活中提炼、概括出来的,音乐源于生活又高于生活。这些都是社区音乐发挥教育功能的体现。

(2)社会文化功能。此外,社区音乐活动是每个普通百姓都可以参与的活动。因为人们参与活动的过程也是被他人或群体接纳的过程。在这个阶段,人们会产生强烈的归属感和自我认同感。如果一个社区群体中的每个人都与他人有相同的志趣,那么该社区的凝聚力就会明显增加,因而也更有益于维持该社区的和睦与稳定。社区作为居民日常生活的空间区域,其本身与生俱来就有使生活在其中的人们获得休闲娱乐的社会功能,活跃于社区中的音乐活动作为社区文化的重要组成部分,也自然地成为城乡社区群众比较喜爱的一种高品位的娱乐休息方式。当代城市社区通过举办音乐文化节、专场音乐会、组织合唱队等不胜枚举的社会音乐活动,使城市社区居民在审美体验中获得精神的愉悦与心理的放松。这也是社区音乐社会文化功能的体现。

(3)经济功能。音乐商品伴随着人类社会经济的发展而出现,是与消费性社会同步产生的一种特殊的精神娱乐的劳动产品,而今天音乐生产的商品性在日常的社会生活中不以人的意志为转移地占据了音乐产品社会消费的主要部分。但在现实的社会生活中,音乐文化的经济作用与非经济作用是相对的。音乐生产及其活动的经济效益,是指那些能够获得货币收入的音乐文化行为。而笔者通过走访河南省的部分城市社区得知:个别音乐社团在进行文艺演出活动时,受惠单位按照市场交换的经济规则给予一定的货币报酬,从而使社区音乐文化在社会运行中体现了一定程度的经济作用。

三、对本土社区音乐文化发展的建议

1. 社区音乐文化与本土文化相结合

随着社会发展和人民文化生活需求的进一步提高,社区音乐教育显现了无穷的发展潜力。大众文化正在深刻地影响着人们的生活方式,甚至将其影响一步步扩展到人们的思维方式。因此,必须认真思考我国社区音乐文化究竟应该怎样置身于大众文化的氛围之中。

社区音乐的积极开展能够充分发展当地具有地方特色的音乐文化,因此从这方面来讲,社区音乐的形成实际上是对当地文化的一种传承与发扬。只有当地社区群众不断参与其中,对于当地文化财富给予充分肯定,不断去学习研究,才能够形成相似的审美情趣以及精神风尚,方能够繁衍出独具地方特色的社区音乐文化。

河南社区音乐有利于河南豫剧文化的保护,不同区域正是通过社区音乐的积极推动作用长盛不衰的。但由于社区音乐活动大都是社区成员自发组织进行的,活动形式比较固定,活动对象老龄化,他们多喜爱豫剧、河南坠子。但是这些爱好者并没有专业的音乐基础,再加上很多年轻人并不了解河南的传统豫剧,这对河南本土豫剧文化的传播造成了障碍。笔者认为,社区活动是很好的豫剧文化传播途径。

总之,一方面以大众音乐为特征的社区音乐现象表现出多元化的形象、音乐形式,以及世俗化的音乐内容,同时,这种形式为其成员提供了受音乐教育和终身享有音乐学习

的机会;另一方面社区文化高度体现了全民参与的自觉性、积极性、丰富性和多元性,是一种大众文化,为人人提供建设文化和享有文化的机会。两者是和谐社区建设首要和重要的组成部分。

2. 社区音乐文化活动发展中需要注意的问题

(1)活动形式丰富性。在社区音乐文化活动的形式上,女性朋友大多选择舞蹈,而男性多选择器乐。笔者建议:一是参与社区文化活动的群众要互相影响,互相感染,使大家都能对各类活动产生一定的兴趣;二是开设更多新的丰富多彩的音乐文化活动;三是让参加活动的朋友们能相互学习、博采众长,每个人都有权利选择自己所喜欢的文化活动形式,鼓励参与的形式广泛一些,这样的融合对每人的身心都起着积极的作用。

(2)活动氛围和谐性。在社区音乐文化活动中,如何体现良好的公共文化活动与社会的和谐统一,也是搞好社区文化活动的关键。笔者认为:首先,活动的组织者一定要有制约和自律精神,特别是要安排好活动时间和对噪声的控制。其次,要加强活动者自身的管理和控制,遇到突发事件时,要依靠社区的领导和治安民警,这样才能让社区文化活动体现出和谐性来。最后,应该开展安全生产宣传活动,使安全生产方针政策、法律法规和工作措施家喻户晓,深入人心,为社区音乐文化的发展营造更加安全、稳定、和谐的环境。

(3)扩大参与对象年龄范围。调查显示,年轻市民参与社区活动的比例少之又少。全民参与是发展和建设社区文化的目的,当然社区音乐活动也需要男性朋友特别是年轻的男性朋友参与。一是男性朋友自身要对健康的社区文化活动重视,主动参与;二是社会各界多做宣传,鼓励男性朋友参与社区音乐文化活动,让男性朋友参与社区音乐文化活动成为一种时尚;三是多挖掘和开展适合男性的音乐文化活动,如开展交谊舞、唱歌等男性容易接受的活动项目,使他们在愉悦身心的同时也锻炼了身体,还可以让中老年的朋友们感受到年轻人的朝气蓬勃,缩小年轻人和中老年人的代沟。

郑州市的社区音乐文化活动发展蓬勃兴盛,对社会大众音乐的走向产生积极的影响,对教育、文化及经济运转是一种良性的推动,对我省城市社区音乐文化的稳定发展、和谐建设起到了良性作用。但是,社区音乐活动中也存在一系列问题,如传统音乐与大众音乐的结合,社区参与者老龄化,如何发扬本土音乐,硬件设施欠缺等。这些都是今后的社区文化建设中有待进一步完善的地方。

在当代城市社区文化建设与构建和谐社会的历史进程中,社区音乐文化也是社区居民进行自我教育的方式之一。这些当代民间音乐的创作集体常常用传统的方式抒发着个人情感,这也是进行德育的一种极好的方式和有力的手段。事实上,很多音乐文化活动在一些城市社区已成为老百姓之间进行交流沟通的一种新型的艺术方式与途径。而当音乐成为河南省城市社区一种生活方式,逐渐成为一种日常生活需要时,我们应该怎样看待这样的社会发展趋势,又该如何保护和促进这些有着积极意义的社区音乐群体的发展,进一步推动和谐社会的构建,这些都是值得深思的问题。

16

郑州历史文化名城的重大价值和地位分析

中国城市科学研究会 胡 燕

郑州是我国八大古都之一,拥有3600多年的悠久历史,但自商城废都后数千年间沉寂史海,直到清末民初随着铁路交通出现,才又重新崛起。如今的郑州,除商城遗址和少量文物尚存,已经看不到比较完整的古城格局、传统风貌和历史街区。在人们心目中,郑州"有历史没文化",不过是一座"火车拉来的城市"。对于郑州历史文化价值研究的缺失和认知障碍,一直以来成为掣肘名城保护和提升郑州城市形象与文化品位的软肋。合理评估历史文化名城价值及定位,对于保护名城文化遗产,传承历史文脉,弘扬中华优秀传统文化至关重要,也是充分发挥文化遗产资源优势,增强城市软实力及其核心竞争力的重要基础。近年来我们致力于郑州历史文化名城保护与发展战略规划研究,坚持尊重和吸收考古发掘成果,认真检索爬梳、整合研究相关历史文献、论文和各类规划图件,探寻名城郑州的演化轨迹和文化脉络,通过抽丝剥茧,慎思明辨,深感郑州历史文化底蕴极其丰厚,具有华夏文明发祥地与核心传承区的重大价值和不可替代的历史地位。

一、试论华夏文明发祥地和传承核心区

就人类文明来说,发祥地与传承区指的是文明起源地和传授继承的地域。关于人类文明起源,学界认为包含物化形态要素与社会形态要素两个层次。物化形态要素即文字、青铜器、城市和礼仪建筑;社会形态要素如私有制、阶级和国家组织。夏王朝是我国第一个奴隶制社会,尽管史书对夏胥言之凿凿,而且已经出土了一定数量的青铜和玉制礼器以及相当于夏代纪年的城邑遗址,但是迄今没有发现学界公认的夏王朝存在的直接证据,尤其是没有文字的自证物。美国学者摩尔根在《古代社会》中指出:"文字的使用是文明伊始的一个最准确的标志,刻在石头上的象形文字也具有同等的意义。认真地说,没有文字记载,就没有历史,也没有文明。"这一论点同马克思和恩格斯的论断吻合。恩格斯的《家庭、私有制和国家的起源》是马克思主义国家学说代表作之一。著作副标题写明"就路易斯·亨·摩尔根的研究成果而作"。他在著作中指出:"摩尔根在美国,以他自己的方式,重新发现了40年前马克思所发现的唯物主义历史观,并且以此为指导,在把野蛮时代和文明时代加以对比的时候,在主要点上得出了与马克思相同的结果。"认为在野蛮时代的高级阶段,"由于文字的发展及其应用于文献记录而过渡到文明时代"。我国文字、青铜器、城市和礼仪建筑出现在商朝。这是一个有阶级和国家组织的私有制社会,同时具备人类文明起源的物化形态要素与社会形态要素。成汤灭夏后最早建立的商代都城史称亳都,也就是学界普遍所指今郑州商城遗址。在这里出土了大量陶器、玉器和

青铜器,发现了兼有防卫、居住、王宫、手工作坊等功能分明和营建形制的古城以及专事祭祀活动的礼仪建筑,尤其是出土了早商时期甲骨文字的实物。

商代以前的文字符号如骨刻文和朱书陶文尚属中国文字的雏形,安阳殷墟出土的甲骨文才是我国最早成熟的文字。20世纪50年代,在郑州二里岗发掘地采集到了一片早商时期仅有十余字刻辞的牛肋骨残片,虽然学界对此释文也各有所见,但是刻辞作为表意语句与殷墟的甲骨文颇为相似。并且甲骨刻辞和考古发现的商代以前单个字符已经有了本质区别,表明早商时期的郑州已出现文字,在这以前具有图腾意味的文字符号开始进化为连贯表意的文字语句。发现文字的实物例证,说明郑州当时具备了文明起源的所有物化形态要素,进入了文明时代。

华夏文明诞生在中原地区的黄河流域,先民创造的所有农耕文明都离不开中原这片沃土。广义中原涵盖了河南全域和河北、山西、山东、安徽部分地区,但是中原地区的核心是以郑州为主体的空间地域,范围大体在夏商王朝的核心地带,特别是在嵩山以东人口稠密、土地膏腴、温暖湿润、资源丰富的今郑州市域。通过对历史文献、考古发掘成果和我国夏商周断代工程的综合分析研究、并经多次专家学者论证,认为正是在这里诞生了人文始祖黄帝,产生了上古时期的黄帝历法,集聚了华夏民族,出现了最早的文字、青铜器、夏商王城、礼制建筑、国家形态、政治制度、哲学理念、思想文化、宗教艺术等,并由这一区域发散远播,影响到了整个中国,乃至华人世界。郑州现存大量上古时期文化遗址、先秦大型都邑城址群和秦汉以来登封"天地之中"历史建筑群,是迄今国内唯一年代链条清晰、文化形态从来没有间断过的华夏文明的传承载体,足以说明郑州在华夏文明史上的核心传承区地位。

二、孕育华夏文明和中原文化的腹地中心

郑州拥有孕育华夏民族和中原文化腹地中心的地位,并不是历史的偶然。现代科学对气候文明史的研究发现,距今约8000年前,伴随世界冰川消融,全球范围海平面上升。我国学界还根据《山海经》等记载和对古海岸遗迹考古研究,并通过黄河在华北平原和黄淮平原泥沙沉积量的时间推算,判定中原地区在远古时代大部分还是海浸。海岸线大体位于今京九铁路和京广铁路之间。当时包括泰山在内的山东丘陵不过是海中群岛。当代学者王红旗历经二十年潜心研究《五藏山经》,和孙晓琴绘制完成《帝禹山河图》,形象地复原了《山海经》中的山脉也是一个印证。中原地区的出现得益于黄河冲积扇形成。

黄河中游流经黄土高原,由于地表径流不断侵蚀两岸黄土,到了今河南孟津,河道突然变宽,水流减缓,河床抬高,加之下游河道频繁变迁,堆积成黄河大冲积扇。与此同时,发源于山西黄土高原的漳河脱离山地涌出,也形成冲积扇向东堆积延展。所以那时中原陆地的范围就近分布在自孟津向东、南、北展开的黄河大冲积扇的顶部,以及太行山脉东麓的黄土台地,也就是考古发现裴李岗文化、仰韶文化时代的今郑州、洛阳和发现磁山文化的太行山东麓文化轴带。再往东去海、湖、沼泽毗连,不适宜人类栖息生活。郑州地域远古时代所处的特殊区域地理条件,使当初华夏先民高密度集聚在这里。先有华夏人文始祖黄帝诞生在轩辕之丘,也就是今郑州市的新郑。随后炎黄后裔在黄河中下游相继建立了夏、商、周三朝,把许多都邑营造在这片地域。郑州由此成为孕育华夏民族的中原

腹地。

"华夏"是古代居住在中原地区的汉民族,称为炎黄子孙。远古时代炎帝部落和黄帝部落在黄河流域起源并发展起来。他们的后裔经过两千多年长期融合,逐渐形成了华夏民族。华夏族把天下分成九州,认为中原位居九州之中,是中央大城邦的所在,所以称作"中国",有别于"东夷、西戎、北狄、南蛮"的四方异族部落。商代以后至秦汉统一前,中原是华夏族的主要活动区域。夏商周时期的都城或方国遗址在郑州境内不断发掘出来,见证了华夏民族在中原地区形成、发展、演变并建立王朝国家进行统治、征伐和创始文明的主要历程,而中原文化又是以华夏族为主体在中原地区进行繁衍生息中所创造的地域文化,郑州的地理区位恰在前秦时期的两大中原古都洛阳和安阳之间,处于中原地理和中原文化核心区。从而奠定了郑州中原文化腹地的中心地位。

三、开创我国古代城市文明并创立王都典制

由聚落向城市的居住形态转变,进而形成城邑体系,向城镇体系转化,是我国城市文明的渐进过程,也是古代社会的深刻变革,反映了中国古代聚落形态演进和城市国家发展阶段所呈现的社会形态特征,通过郑州及周边地区的西山城址、登封王城岗遗址、新密新砦遗址、偃师二里头遗址和郑州二里岗遗址等仰韶时代以来的考古发现,从梳理和研究分散的城址与夏商聚落营建时序、规模、相互之间布局关系中,可以发现从古城个体营建形态到形成城邑聚落体系的规律性转变轨迹,表明古代城市文明对开启我国古代城市文明的贡献,郑州至少体现在几个方面:一是城邑营建技术。不仅西山城址已有版筑夯土技术,首次较大规模夯土城垣都城形态的出现也在郑州商城,开创了我国数千年版筑夯土城垣先例。二是城邑功能分区。商代城市和夏代城市相比,具备了一般城市的基本要素,包括城市中心建筑、城市防御设施、城市商业和手工业以及城市居住区等。其特征为城市中心建筑由"宗庙到宫室""城墙与城池"南城池分设到合二为一、商业南"乡野到城市"、手工作坊布局南"城郊到城缘"、城市居住区也有"内城外郭"的结构布局是城邑层级结构,郑州地区分布有许多古城、聚落、卫城遗址等,城邑之间出现了层级区分开始形成人口、经济、文化要素集约发展的地域系统,是我国古代城市文明进步的重要标志;伴随西周时期分封制的建立和完善,建立在城邑等级差异基础上的政治经济联系逐步得到完善,形成我国最早的城邑体系。

在城市文明进程中,郑州商城具有标志意义,都城形制称得上中国最早王都典制的创举:其一,都城形制。都城是国家权力中心,它的营建在政治、礼制上的意义都远远超过了居邑的要素条件。都城和居邑的主要区别在于有没有专门设宗庙、社稷坛等祭祀场地。《左传·庄公二十八年》记载:"凡邑,有宗庙先君之主曰都,无曰邑。"这是因为都城是宗法血缘政治的统治据点,必须设置宗庙显示应有的政治地位,商城遗址发掘来的祭祀坑,表明已有宗庙和社稷郊祀的制度,印证了我国古代祭祀制度成于商代;郑州商城空间布局以东北部为重心。把宫殿区安排在这里,居民点分布在次要位置。手工业作坊、墓葬区、祭祀都在内城外围地带,形成等级分明、布局有序的分布。其二,形态构成。都城形态最早出现了城与郭。采用城郭分置、两重防御、功能分区,贵贱等级、郊祀和墓葬区等规划理念也已形成,体现了建立国家权力中心礼序规范的规划思想和古代"筑城以

卫君,造郭以守民"的营城理念。其三,都城制度。古代不少朝代都有两京制、主辅都制等都城制度。早商时期的郑州商城和偃师商城恰是一大一小的两个都城,为两京式主辅都城制度的雏形,这对商朝以后的许多朝代如两周、东周、两汉、东汉、两晋、东晋、以及唐、宋、明迁都,甚至金代、辽代等设立多个陪都也产生了深刻影响。

四、彰显"天地之中"宇宙观与立国治世理念

登封"天地之中"历史建筑群是一处以"天地之中"理念为代表的世界文化遗产,彰显了中国传统的"天人合一"古代宇宙观。这里不仅保存着西周早期确立"天地之中"理念时的实物遗存圭表,而且在嵩山的8处11项历史建筑分别代表了不同时代的各类主导文化,传承着以地处登封的嵩山为"天地之中"的理念,并且上升到延续3000年发展脉络的一种精神文化境界的追求,充分体现了华夏民族对它蕴含的古代宇宙观的崇尚和坚守,使登封"天地之中"历史建筑群成为一个业已消亡的科学、教育和信仰体系的物质见证。

直观解读"天地之中",是一个方位的概念,即中国位居天地中央,而天地的中心在中原,中原的中心就在登封的中岳嵩山,所以嵩山地区是中国早期王朝立国建都理想的政治中心和文化荟萃中心,古人代代相传追求和认同"天地之中"理念,自有深刻道理。古代宇宙观认为人从自然来,依赖于自然。老子著《道德经》指出自然界天、地、人三者和谐共生。庄子更把老子的"天地人和"宇宙观凝练为"天人合一",在古人看来天地人浑然一体:立身天地之间,达到和谐的理想境界莫过于中和之美,正如《礼记·中庸》所说:"中也者,天下之大本也,和也者,天下之大道也,致中和。天地位焉,万物育焉。"主张唯有执中守正,才能和谐交融。不难看出,"中"既有方位的概念,又被赋予了思想蕴含,意为适中合理、适当有度,不可太过,又不可不及。就空间方位来说无论是上下左右,还是东西南北,就像众星拱辰,都要围绕居"中"的核心,突出"中"的地位。于是"居中为尊"顺理成章成为古人的共同认知,"天地之中"理念及其文化精髓历经数千年传承不息,自中岳嵩山被尊为"天地之中",中国古代礼制、天文、儒教、佛教、道教等文化流派纷纷云集嵩山建立基地和祖庭,逐渐形成中华文明的核心,在这里相互交流融合,构筑儒家以"天人合一"为精髓的"中庸之道"思想,以及主张和谐无争的汉传佛教精神也都深深受到"天地之中"理念所蕴含的古代宇宙观影响。

"天地之中"还衍生了"居天下之中"的立国治世理念,郑州商城内城为方形,外郭为圆形,商王居于其中,就是这种理念最形象的表达。西周早期周公营建洛邑时在登封地区的阳城筑圭表测影台,求得北极星为"天中",并将测影台位置对应视为"地中",以示周王朝的正统地位,象征周王受命于天,择中立国,尽收"普天之下莫非王土,率土之滨莫非王臣"之威,中国历代王朝也都仿效西周,把"天地之中"理念从思想意识物化为特定的地域空间和古城、建(构)筑意象形态,皇帝自称天子,设立中央行政机构,管辖四方,通过分封藩王和钦命官吏,加强地方统治。"天地之中"的理念在对待番邦关系上,以"天下共主"的地位,实行朝贡制度,以使番邦臣服。

五、拥有纵观古今的区域交通枢纽中心地位

郑州在我国区域交通大枢纽的中心地位十分突出,并不是近代火车拖来的意外成

果,而是自古以来特有区位交通优势凸现,是郑州历史文脉传承的必然。从史前文化遗存轨迹不难发现,地处中原的仰韶文化和龙山文化在遗址分布上具有明显的交叉路线,以今郑州为交叉点,几条主要古驿道呈"Y"形结构,分别向西、北、南延展:西朔大河而上直通河洛;北南古荥泽跨黄河,沿太行山东麓经卫辉、新乡、安阳一线而至邯郸;南向直下许昌、平顶山、漯河一线,直指荆楚。古驿道连接成的文化遗迹和古聚落分布,展现出史前社会人类的文化联系,已经把郑州定位在了区域交通的节点。

两周时期武王分封其弟管叔为管国(今郑州管城区)诸侯,宣王封其弟王子友立郑国,后随周平王东迁,将郑国移都新郑,都困诸夏政权遍及今河南及其周边,郑州区位交通举足轻重。秦汉以后更因郑州北空黄河天堑,西扼关中、河洛通往中原地区咽喉,郑州周边城邑大小驿站遍布,古荥泽水网密布、驿道、运河纵横,形成政治中心与经济中心的联系命脉,成为兵家必争之地。陆上有轩辕古道和汴洛古道之便,加上隋代开通大运河,漕运能力迅速提升,郑州逐渐成交通枢纽以及物资装运和商品贸易集散中心,历代传承,经久不衰。到了清代,在河南省府开封联结所辖各府州县的7条主要驿道中,竟有3条经郑州,足见郑州在地域交通网络中的重要性,于是才有了清末两广总督张之洞建议光绪皇帝自京城外卢沟桥起,经行河南到汉口,修建纵贯南北的铁路大动脉——卢汉铁路,并将黄河大桥建在郑州城北邙山头。同时将汴洛铁路(陇海铁路前身)与卢汉铁路在郑州交会,从此奠定了郑州纵横四方的区域交通大枢纽中心的架构。

综上所述,古都郑州历史渺远绵长,承载着极其丰富厚重的文化内涵,无论自然禀赋,还是人文积淀,都使这座历史文化名城无愧华夏文明发祥地与核心传承区的盛誉和地位,我们需要进一步增强文化遗产保护意识,充分彰显"华夏之源"。

17

郑州市文化产业促进机制建设问题研究

刘 涛

党的十八大明确提出,要"加快完善文化管理体制和文化生产经营机制,基本建立现代文化市场体系,健全国有文化资产管理体制,形成有利于创新创造的文化发展环境"。新形势下建立完善的文化发展推动机制,形成良好的文化产业发展的外部环境,推动文化产业提升发展,成了当前全国各城市面临的重大问题。省会城市郑州是中原经济区核心增长区,文化产业正处于转型提升阶段,文化产业类型丰富,创意能力提升,竞争力不断增强,但是在局部领域仍然存在一些问题,需要通过深化创新文化产业促进机制,形成强大的内外推动力,以激发文化产业的发展活力,推动郑州文化产业跨越发展,打造国家级文化产业创新发展先导区。

一、建立健全文化产业促进机制的现实意义

1. 有力贯彻国家关于文化促进机制创新的要求

自党的十七届六中全会提出文化大发展大繁荣的总体要求以来,国家高度重视文化建设,十八大、十八届三中全会和中央思想宣传工作会议对文化建设提出了明确要求,"要加强文化体制机制的创新,确保社会主义先进文化的前进方向,丰富人民精神世界,增强人民精神力量,满足人民精神需求,建设社会主义文化强国,增强国家文化软实力"。郑州市作为中原经济区核心增长极和华夏历史文明传承创新核心区,面临着文明传承与文化繁荣发展的重要任务,但是当前随着经济快速发展与社会转型,人们的思想、价值与文化需求日益多元,这给转型中的郑州提出了更高的要求。因此,要进一步统筹推进文化建设和产业发展,不断创新文化产业发展的促进机制,贯彻落实国家的要求,把郑州建设成国家文化创新发展的先导区。

2. 能够激发文化产业发展的活力

目前,中国文化产业已经进入了一个快速发展时期,但是仍然存在市场化程度低,文化规模效益不足、文化附加值低等问题,导致这些问题的关键是体制机制改革不足所致,体制机制不适应文化产业发展的需要,制约了文化产业的市场化运行,以致文化产业的活力不足。为此国家成立了文化产业发展和体制改革工作领导小组,全力推进文化产业体制机制改革,党的十八届三中全会又进一步提出"完善文化管理体制、建立健全现代文化市场体系"。目前,郑州市文化业态相对单一,产业化发展规模及创新能力相对不足,文化产业发展活力亟待激活。因此加快建立系统的文化产业运行、推动和激励机制,有利于提升文化产业创新创意能力,激发文化产业活力和发展动力,打造成国民经济支柱

型产业,开创郑州文化产业繁荣发展的新局面。

3. 有利于快速适应文化产业发展的时代规律

加快推动文化产业的跨越式发展,必须认真研究并承认文化产业的发展规律,依据规律来制定政策和制度。长期以来文化建设过于突出文化事业的公共属性和文化产业的运作体系,存在管理制度以及法人结构不完善、含糊不清的问题,尤其是文化产业的缺少与市场接轨的体制机制,文化产业仍然依靠"计划"运行,这种传统的计划经济体系下的思维模式不符合文化产业发展规律,必须改变传统的思维定势,加大改革力度,建立健全与产业发展需求相适应的体制机制。对于省会郑州而言,积极转变文化产业发展思维,坚持全面深化体制机制改革,建立与市场经济发展、时代需求相适应的产业政策和促进机制,切实推进文化产业的跨越式发展势在必行。

二、郑州文化产业机制创新的现状分析

文化产业促进机制是指推动文化产业良好运行的外部机制,涉及文化管理、投融资、产业统计、人才队伍、项目推进等多方面,是助推、促进文化产业发展的外部制度。郑州市高度重视文化产业促进机制的改革和创新,逐步形成了一套促进文化产业发展的工作机制。

(一)文化体制改革加快推进

2005年郑州市开始部署安排文化体制改革,2012年完成了中央和省委要求的阶段性任务,将郑州市文化产业发展和文化体制改革工作领导小组更名为郑州市文化体制改革和发展工作领导小组,明确了工作职责,持续强化对文化体制改革发展工作的组织领导。2013年以来推动郑州歌舞剧院、郑州市豫剧院、郑州市曲剧团等转企改制,分别成立了新的公司。同时,新郑市、登封市、荥阳市、巩义市、新密市和中牟县所属的6家豫剧团撤销,分别组建豫剧艺术传承和研究单位,完成了有线电视网络整合和电台电视台合并,郑州人民广播电台、郑州电视台合并工作,两台合并后成立郑州广播电视台。

(二)文化产业投融资机制不断完善

为大力发展文化产业,郑州市积极支持文化产业做大做强,设立了3 000万元文化产业发展专项资金,用于扶持和奖励文化企业发展。为加快动漫产业发展,又设立5 000万元专项资金,以鼓励动漫企业原创动画漫画作品的播出、演出和发行。大力引入文化创新企业,扩大招商引资力度,与深圳华强集团合作,建立了郑州华强文化科技产业基地。相继成立了郑州商都文化投资建设有限公司、郑州金宝文化艺术品投资有限公司等,通过市场化运作方式,推动传统文化资源的开发利用。同时,积极吸纳社会资本进入文化产业领域,推动文化产业的市场化。

(三)文化产业统计机制持续健全

郑州高度重视统计工作,建立了文化产业统计指标体系,成立了文化产业统计调研领导小组,逐步加强对文化产业工作的统计和研究,对法人单位数量、产业增加值、从业

人员规模、产业结构等进行了全面统计,并每年都会对产业发展总体情况进行研究,形成文化产业报告,找出文化产业发展中存在的问题,提出科学的对策建议,不仅可以科学检测郑州文化产业发展情况,而且可以通过数据比较,探索郑州文化产业发展的基本规律,为未来文化政策的制定提供依据。

(四)项目推进机制作用不断增强

为加快重大文化产业项目的建设,郑州市制定了严格有效的项目推进机制,采取月例会、周汇报的形式,集中解决项目建设中的重大问题,并建立健全了监督考核制度,对项目建设进行跟踪监督,对问题解决的效果进行考核,有力推动了郑州文化项目建设,郑州华强文化科技产业基地、黄河生态旅游风景区、绿博园、中牟雁鸣湖风景区、巩义河洛文化区等持续推进,一些项目建设完成,《禅宗少林·音乐大典》、炎黄二帝巨型塑像、黄河碑林一期、点点梦想动漫城少儿职业体验馆、康百万庄园保护与开发、杜甫故里开发等一大批项目相继建成,通过科学有效的推进机制,在园区建设、企业发展、品牌培育等方面取得了突破性进展,形成了具有鲜明郑州特色的文化产业体系。

三、郑州市文化产业促进机制建设方面的不足

(一)文化机制改革力度需要进一步加大

郑州市文化体制改革虽然取得了阶段性成果,但是工作机构、机制和人员仍然相对缺乏,尤其是各县市区的改革相对缓慢,一些地区没有专门的办事机构,文化体制改革的力度较慢,个别地区对于文化体制改革重视不够,文化产业发展促进机制不完善,虽然省市两级都出台了文化产业发展的政策,但是地方的政策创新性不强,思想观念滞后,难以适应时代需求,而且不少政策还停留在文件和口头,没有认真落实。一些地方没有把文化产业发展纳入考核体系中,没有形成明确的目标和任务,监督和推进速度较慢。一些地区改革缓慢,很容易政企不分、政事不分,也导致行业管理成本较高。由于部门多头管理、交叉管理存在,一些职能机构对文化企业单位及相关主体的活动过多干预,不仅使得职能方面的越位、缺位、不到位问题存在,降低了行政效能,而且使得文化市场主体缺乏活力,文化产业创新创意能力不足。

(二)文化市场培育机制仍不完善

文化市场作为经济整体的一部分,遵循市场经济一般规律同时也有自身的独特运作规律,因此在文化市场培育和建设过程中,要形成与文化市场相适应的机制。文化市场生产要素的培育和资源配置,还不是完全由市场需求及价格决定,政策性的管治在少数领域还存在,例如多媒体技术、数字网络技术等市场化程度不高。文化市场的经营门类不健全,一些图书馆、博物馆、群艺馆等,基本上都属于政府管理,市场化程度低,缺乏与社会和市场的有机融合。文化市场管理机制不完善,管理理念相对落后,对于文化市场的管理和服务难于把握特有规律,抑制了一些新兴行业的发展。此外,文化市场建设仍然缺少长期发展规划,立法相对滞后,部分法规操作性差,对盗版、非法出版等不法活动

打击不够,以至于文化市场服务水平不高,文化监管的机制不完善,导致项目发展缓慢,企业发展空间狭小,从而制约了文化市场的繁荣发展。

（三）文化产业的投融资机制不活

文化产业投融资是为从事文化产品生产和提供服务的营利性产业采取的筹资行为,主要包括公有资本、民间资本、国外资本等的投融资。目前郑州市主要依靠政府投入,文化产业还未形成全方位的投融资格局。政府虽然每年都有文化产业专项扶持资金,但是在文化产业中的财政投入仍然不足,难以发挥引导和保障作用,而且郑州市文化产业扶持资金远少于发达城市,因此对文化企业的引入、培育的引力不够。同时,存在民营资本投入不足,中小企业融资难问题突出,目前郑州市缺乏理想的引导民营投资的环境和机制,高端文化产品被少数企业垄断,民营资本、中小企业进入的多是低端文化产业,因此民营资本逐渐脱离了文化产业。文化产业投融资的风险化解机制缺乏,由于市场需求的不确定、文化产品生产周期长、产品复杂多元化,导致文化产业具有较高的风险,尤其是中小企业投资大、化解风险能力低,这种情况下一些担保公司、融资租赁公司也不会给中小企业贷款,也阻碍了中小文化企业的发展。

（四）文化产业的人才培养机制有待加强

人力资源的培养与开发是提升文化产业发展水平的保障,是文化产业发展的关键。然而,就郑州市当前文化产业发展现状以及从业人员的整体素质来看,高素质的专业文化人才、复合型文化人才、创新文化团队缺乏,它们已经明显制约了文化产业的持续发展与产业核心竞争力的提升,这主要是由于文化人才的培养机制不健全所致,表现在文化人才的培养方式单一,目前文化人才主要采取学校化的教育模式,与文化企业的合作培养较少,以至于一些毕业生不能适应企业的现实需求,而现有的文化人才接受再教育的机会少,技能水平和创新能力难于提高。文化产业人才的激励机制也不健全,郑州缺少激励创意、创新的机制及评价标准,以至于文化产业人才的发展空间缺乏,尤其是年轻的文化产业人才的成长需要更多的支持和激励,目前仍然缺少相关机制,企业的人力资源开发层次较低,仍然限于低层次的人力资源工作,开发和管理手段相对滞后,不利于人才的培育和开发。由于文化产业还未形成核心产业,高校对于文化产业及人才的培养重视程度不够,文化人才缺乏已经成为现实,为此研究文化产业人才培养机制,提高文化产业人才培养水平和从业人员整体素质成为关键。

四、建立健全文化产业发展促进机制的对策

从郑州市文化产业发展的总体现状来看,已经进入了一个加速发展的阶段,随着市场在资源配置中的作用日益增强,必须加快建立与市场相匹配的、富有效率和活力的促进机制,以更好地贯彻落实国家关于文化体制机制改革的要求,激发文化产业的内在生机和活力。

（一）持续完善文化产业的统筹协调机制

文化产业的发展要有健全的管理机制,机制要创新思维、解放思想,适应新形势下文化产业发展的规律和需求,因此要在原有机制的基础上,不断创新发展,加强基层文化产业促进机制建设,增强统筹协作能力。

一是完善文化体制和发展办公室功能,增强协调和统筹解决问题的能力,推动县(市)区设置文化产业发展办公室,解决人员编制、待遇等方面问题,进一步推进文化产业和文化体制改革。

二是建立部门之间的协作机制。加快推进文化产业发展,要形成党委领导、政府组织实施、宣传部门协调的格局,尤其是行政部门要加强相关政策的落实,职能部门之间要密切协作,形成推动文化产业发展的合力。[1]

三是要制定文化产业促进机制创新的方案。要增强体制改革和机制建设重要性和紧迫性的认识,形成主动推进改革的自主性、积极性,尤其是要结合郑州实际,组织专家深入研究,制定市级文化产业促进机制实施方案,明确机制建设思路、方向和任务,形成具有全局性和前瞻性的实施方案。

四是要建立推动文化产业跨越发展的评价机制。把文化产业发展质量考核纳入地方党委、政府的目标考核体系中,指定科学、合理的考核指标和考核方式,把考核结果作为评价地方发展水平及干部考核的主要内容。

(二)强化文化改革的推动机制建设

十八届三中全会明确提出"按照政企分开、政事分开原则,推动政府部门由办文化向管文化转变,推动党政部门与其所属的文化企事业单位进一步理顺关系"。因此,要加强文化体制改革步伐,强化文化改革的推动机制建设。

一是全面推动经营性文化单位的转企改制,加快推进文艺院团、新闻网站和非时政类报刊的转企改制工作,对于已经转企的要完善法人治理结构,建立起现代企业制度,形成合理的文化市场主体。

二是建立现代文化市场体系。完善市场准入和退出机制,推动企业的集团化、规模化发展,尤其是要推动动漫、旅游等优势产业的规模化、集约化发展,同时加大对中小企业的扶持力度,使得各类市场主体公平竞争、优胜劣汰。

三是加快推动文化中介产业机构的发展。结合郑州文化产业优势和特色,加快推进文化贸易代理与拍卖服务、文化经济代理服务、文化艺术经济代理等中介发展,培育一批诚实度高、服务质量好的文化中介组织,拉动文化产品消费,发挥其在促进文化产业和文化市场繁荣发展中的作用。

(三)完善文化产业的投融资机制

郑州文化产业实现转型和跨越发展,必须严格按照市场经济规律的要求,发挥市场在资源配置中的决定性作用,坚持"市场运作为主、政府扶持为辅",形成多层次、多元化和多渠道的投融资模式,着力解决郑州文化产业投融资不足的问题。

一是形成多元化的投融资方式。组建稳定的文化产业专业投资公司,整合市级文化部门及骨干企业,试点建立市级文化产业投资集团。积极发展合作型的文化产业投资机构,鼓励国内外合作和公私合作,积极引入民间资本,鼓励个人和集团、家族企业合作,推动个人和投资者向文化产业投资公司融资。[2]

二是发展多样化的投资方式。充分发挥市场的决定性作用,形成多元化的融资机制,为文化产业投资主体创作多样化的投资机会和方式,在具体的投资方式中,可采取股份制模式,通过土地入股、技术入股、创意入股等方式,引入多种优势资源进入文化产业发展领域,提升文化产业发展的软件和硬件设施资源。

三是建立产业项目投融资的评价机制。加强对郑州文化产业无形资产的评估,通过建立资产评估机构、评价体系,为文化产业无形资产进行评估,解决企业难以通过文化产品贷款的问题。建立文化企业的信用担保体系,通过建立郑州文化担保公司,为文化企业向金融机构进行贷款时提供担保,鼓励企业、社会资本融入担保机构中,形成多层次信用担保体系。

(四)完善重大项目推进机制

对于文化产业重大项目要强调宏观指导,坚持从文化产业跨越发展与文化强市的高度抓好文化产业项目,实现重大项目指导、协调和督导的常态化。

一是加大资金和政策支持力度。对于创新型、生态型、可持续能力强的重大文化产业项目要加大扶持力度,完善土地、财政、税收等方面的优惠和扶持政策,对于效益突出、税收贡献大的文化企业给予奖励,提升文化企业发展的主动性,推动企业的规模化发展。

二是建立科学的服务机制。对于重大文化项目推进工作,要注重主动服务、主动解决问题,形成良好的项目建设环境。对项目运行规律要深入研究,制定项目建设的规划,完善相关制度,做好前期准备工作,办好相关手续。建立文化产业重大项目联席会议制度,研究国家、省文化发展政策,确定市文化产业发展方向、政策和产业规划。

三是完善监督管理机制。重大项目实施分包项目责任制和项目化管理制,对项目推进工作进行问责,明确工作的思路、要求、计划、任务和时间表,在各个环节实现全面跟踪监督,确保计划的有效落实。同时根据项目进展情况,建立市县两级的文化产业项目储备库,对项目库实现实时、动态的管理。

(五)创新文化产业人才培养机制

文化产业的发展离不开文化产业人才资源开发,人才是推动文化产业发展的重要支撑。

一是把文化产业人才培养纳入市级人才队伍建设规划中,采取系列措施多渠道筹集文化产业人才培养资金,政府加大对市文化产业人才培养的投入力度,加强复合型人才的培养,重点在旅游、影视、动漫等领域的投入,设立专项文化产业教育基金扶持人才培养和开发。

二是结合市场需求,进行产业人才培养。人才培养要围绕文化产业的发展趋势、企业管理能力提升、科技创新能力等,注重开发一批综合把握能力和实际操作能力强的复合型人才。同时,要运用现代的理念,结合产业运行模式、现代技术等,实现在具体实践、操作中培养合格的文化产业技能人才,以适应市场需求。[3]

三是形成"产学研"结合的人才培养体系。扩宽文化产业人才培养的渠道,通过政府引导社会力量参与,建立文化产业的人才培养基地、高端人才的研修班、经理人培训班等,吸纳全社会力量参与到人才培训中,形成人才培训、学历教育、实践训练、技术创新为一体的产学研基地。

四是全面改革文化产业人才激励机制。对突出贡献的人才要加大奖励力度,对急需的拔尖人才、高层次的文化管理人才要提供优厚待遇,对科技创新人才实行年度奖励,营造尊重人才、尊重知识的良好氛围,提高文化人才对产业发展的贡献率。

(六)建立资源整合机制

郑州市文化资源丰富,文化业态多元,但是文化布局较为分散,产业的规模化不足,导致竞争力不强。为此,需要进一步整合市域范围内的文化产业资源,发展综合性的多功能文化产业模式,实现产业之间的整合、开发、协调、互补。

一是整合产业资源。结合郑州市文化产业的特色,发挥交通、人才、技术等优势,整合目前相关产业间资源,尤其是推动动漫、旅游、影视等产业的集聚,形成产业园区、特色产业对接发展和产品流动等模式,推动产业的规模化、专业化和集约化发展。

二是建立园区合作发展机制。县(市)区的园区要确立特色发展道路,确立适合本区域的特色产业,同时要加强相关园区的合作,建立园区联络机构和常态化的合作机制,通过政府引导建立以资源融合、信息共享、技术协作等为内容的对接机制。

三是建立文化协同的工作服务机制。建立文化产业公共服务平台,以为产业发展提供信息、技术等服务,搭建推动文化产业发展的重要平台。建立市级综合性文化产业公共服务平台,以为区域合作、信息共享、技术协作提供载体。通过推动金水、登封、航空港等区内的企业和园区之间合作研发,创建各类型的文化产业公共服务平台,以协作和融合来推动文化产业的发展。

参考文献

[1]张琳,王佳.文化产业投融资机制中的政府角色与路径创新[J].经济与社会发展,2014(06).

[2]马小南,周鲁柱.文化产业长效投入机制探究[J].学术交流,2014(01).

[3]孟华.建立中国文化产业人才培养机制的对策[J].经济研究要参,2014(54).

18

郑州市文化创意旅游产业发展问题研究

杨 华

文化创意旅游产业是旅游产业与文化创意产业的有效融合,是文化创意产业在旅游产业领域的有效延伸,已成为旅游业发展的新模式,并且正在成为地区经济发展中新的增长点。郑州市作为我国八大古都之一,自身具有悠久的历史和灿烂的文化,加之地处中原地区的政治经济文化中心,交通便利,完全具备了文化创意旅游产业发展的资源基础和交通设施条件。然而,由于郑州文化创意旅游产业刚刚起步,在发展的过程中,与郑州的社会、经济发展并不协调。因此,本研究系统分析了郑州市文化创意旅游产业的发展现状,提出了进一步加快旅游创意产业发展对策,加快郑州市文化创意旅游产业的快速发展,使之发挥巨大的经济效益和社会效益。

一、文化创意旅游产业的内涵及发展意义

(一)基本内涵

文化创意旅游产业在传统产业视角上,虽与传统的文化旅游产业在外延上有部分重叠,但从内涵上来看,已与传统意义上的文化创意产业存在着较大差别。文化创意旅游产业是旅游产业与文化创意产业相互结合的产物,是以文化为核心,以创意为手段,通过科学技术对文化旅游资源进行重新整合和再创造,并以市场需求为导向,创造多元化的旅游产品载体,提升旅游资源的内含价值,产生高价值的文化旅游产品的产业,并以此形成产业联动效应。在具体的表现形式上,文化创意旅游产业主要是通过创意理念的引导,将创意思想与当地的文化资源完美结合,通过技术创新将原本那些静态的旅游要素动态化,进一步增强当地旅游产品服务的体验性和吸引力,从而满足当前日益发展的旅游市场消费需求,同时充分展示当地旅游文化的魅力。可以看出,文化创意旅游产业其实质就是以文化创意对旅游产业的增值过程,围绕文化创意对旅游产品服务价值的提升过程。因此,文化创意旅游具有高附加值、丰富文化内涵、强调创意性等特征。

(二)发展文化创意旅游的意义

1. 有利于提升城市旅游形象

城市旅游作为当前城市建设发展的重要形式之一,受到各地政府的高度重视,纷纷推出了本地区的"旅游强市"发展战略,但纵观这些发展战略会发现,战略趋同性严重,无法体现自身城市特色,成了制约地区间旅游产业竞争优势发挥的主要原因。如何围绕城

市特色发展城市旅游产业,提升城市旅游竞争力,是现阶段各地区城市旅游产业发展过程中急需解决的问题。文化创意旅游由于依据不同城市文化特点而发展,因此,一定程度上存在有效地解决城市旅游同质竞争问题,有利于提升特色城市的旅游形象。文化创意旅游将沉寂的城市历史文化内涵转化为生动鲜活的旅游文化产品,为旅游消费者提供了艺术性、知识性、趣味性的体验消费性的旅游产品,从而可以大大提升城市的形象和城市旅游的吸引力。文化创意旅游也为城市的文化创意产业提供了良好的展示平台和资源载体,表现在旅游景点的展示、布陈方式、服务场所的装饰与人性化接待上,更加突出城市旅游的特色,使城市旅游形象得到凝练和提升。

2. 促进旅游产业结构优化升级

文化创意产业与旅游产业的不断融合,使得旅游产业受价值链高端的文化创意产业的带动,将文化、艺术、创新、科技等理念灌入旅游产品服务中,旅游空间内容、表现形式、价值实现形式上都与传统旅游产业有了根本性的转变。文化创意旅游通过对旅游消费群体的培育、产品的更新、市场的拓宽,将更多的产业部门纳入进来,突破了传统旅游产业的行业界限。根据消费市场需求调整产业结构,深入分析旅游消费者的心理行为特征,开发具有城市文化特色的旅游产品,整合优化当地旅游资源,形成一种适应现代经济社会发展转型的全新旅游模式。郑州市通过《武林风》电视节目、豫剧全球巡演、《禅宗少林》音乐大典、康百万影视基地、郑州动漫产业基地等精品旅游项目建设,可以有效地促进郑州旅游产业与文化、民俗、科技、艺术要素的有机结合,带来巨大的产业联动效应,实现郑州旅游产业结构的优化升级。

3. 满足旅游者多元化的消费需求

随着当今社会的不断发展,旅游活动日趋多样化和个性化,人们的外出旅游不仅仅停留在传统的景点观光,空间选择上,也不仅仅是参观博物馆、景区景点等静态景观,而是旅游者的亲身体验参与性的要求更加强烈,转向了范围更广阔的无形空间,不再是将自身定位于旅游过程中的一个旁观者,更重要的是作为一个参与者融入其中,期望通过自身的视角去了解、认识、感知当地的风俗文化。同时,在这一过程中,对于文化消费品的需求量会增加,对物质产品的文化含量,产品观念的价值诉求也会提升。尤其是当旅游者平常生活所在环境与旅游地环境差异较大时,带有文化创意体验的旅游过程更具吸引力,印象更为深刻。但在当前的郑州市旅游产业中,旅游资源挖掘不够,人文产品比重较大,少林寺一枝独秀,缺乏体验性和参与性,制约了旅游产品的进一步发展。因此,强化文化创意产业与旅游产业的相互融合,以文化创意的视角发展旅游产业,可以不断满足旅游者多元化的消费需求,带动旅游产业的发展。

二、郑州市文化创意旅游产业发展的机遇与优势

(一)发展机遇

1. 政府的重视和扶持

为了贯彻落实"旅游强市"战略,按照"高起点、高标准、高品位"的要求,近年来,郑州市先后出台了《郑州市旅游产业发展规划》《郑州市旅游发展十二五规划》《郑州市文

化产业发展规划(纲要)》《郑州市文化创意产业"十二五"发展规划》等一系列有关文化创意旅游规划政策。郑州市设立5000万元人民币的旅游发展专项资金,并纳入年度财政预算。在此基础上各县(市)区政府也按照一定的比例,安排相应数额的配套资金,用于发展当地旅游业。在旅游产业发展用地方面也给予相应土地优惠政策,旅游商品生产企业研究开发新产品、新技术、新工艺而发生的技术开发费,在政策范围内依法给予税收优惠。这些举措为发展文化创意旅游产业创造了良好的政策环境。

2. 中原经济区建设的契机

《中原经济区规划》中明确要求,中原经济区建设要持续探索以新型城镇化为引领的新型城镇化、工业化和农业现代化"三化"协调科学发展的路子。以此为契机,郑州市的城市经济发展面临着发展方式的深度调整和变革,促进郑州城市发展方式的转变,努力改变第三产业滞后,尤其是现代服务业发展状况落后的局面,大力发展一批具有特色、优势和高科技产业。利用文化创意旅游对传统文化产业和旅游产业的改造,提升产业生产效率和技术含量,以此紧密联动城市发展,在新的形势下创新旅游城市一体化的发展,将文化与娱乐结合,创新产品,对接城市发展,走新型城镇化道路。

(二)发展优势

1. 丰富的文化旅游资源

郑州文化旅游资源在总体数量和种类上都占有较大优势,且资源等级较高,有不少世界级、民族性的文化旅游资源。资源整体分布范围较广,但局部地区的旅游资源相对集中,总体上形成了郑州历史文化名城、沿黄河休闲度假带、登封天地之中世界遗产、新郑黄帝文化、中牟现代休闲娱乐、大浮戏山山水生态六大旅游资源聚集区。郑州的文化旅游资源种类繁多,主要包括姓氏文化、黄帝文化、嵩山文化、少林文化、商都文化、河洛文化、遗址文化、非物质文化遗产、名人文化、军事文化等。由于郑州地区是历史上三皇五帝夏商周活动的主要区域,所以其文化的古老性、丰厚型和根祖性突出,其中嵩山作为五岳之一,号称万山之宗,不仅文化深厚、建筑古迹繁多,还具有"五世同堂"的地质奇观,世界罕见;伏羲山与伏羲有很深的渊源,是郑州西部屏障,生态资源十分优越,开发潜力巨大;郑州段黄河,因黄河游览区、悬河景观世界闻名。这些丰富的文化旅游资源景点都可以作为郑州发展文化创意旅游产业的基础性旅游资源。

2. 显著的地理区位优势

地理空间性和旅游目的地的交通情况是影响旅游产业发展的重要因素。郑州市地处中部地区的中心腹地,是中原经济区的核心城市,在全国的经济发展格局中起着承东启西、贯通南北的重要作用。在陆地交通方面,京广铁路与陇海铁路、京港澳高速与连霍高速在此交互,是全国陆路交通网络的十字交叉路口,并且伴随着郑西高铁、郑京高铁、郑武高铁、郑徐高铁的建设贯通,使得郑州通往北京、武汉、西安、上海、南京等重要城市的陆路交通时间进一步缩短,强化了郑州的综合交通枢纽地位。在航空交通方面,郑州在2008年已被国家民航总局确定为全国八大区域性枢纽,并且随着郑州航空港经济实验区建设的实施,以郑州国际航空枢纽港扩建改造为契机,国际国内航线不断扩展,通航的国内外城市数量势必大幅增长。可以看出,无论在铁路、公路以及航空交通方面,郑州市的地理区位优势十分显著,客源市场的可进入性较强,这为发展文化创意旅游产业提供了有力的基础保障。

3. 初具规模的文化创意旅游产业

文化创意产业的迅速发展是推进文化创意旅游产业建设的先决条件。中原经济区建设规划的实施,以及《国务院关于支持河南省加快建设中原经济区的指导意见》等相关政策文件的出台,明确指出了大力发展文化产业在中原经济区建设中的重要性,通过对广播影视、演艺娱乐、新闻出版、动漫游戏、文化创意等重点文化产业的扶持建设,使郑州成为全国重要的文化产业基地。在此契机下,郑州的文化创意产业近年来得到了迅猛发展,推出《禅宗少林·音乐大典》《大河秀典》等特色文化创意演艺活动;建设黄帝故里景区二期、黄帝文化博览馆等华夏文明遗产景区,在景区基础上结合高科技手段建设一批主题餐饮、娱乐、服务项目,举办全球华人论坛(黄帝文化论坛),融入创意产业,完善旅游服务,打造华夏文明传承创新的示范区;在已经建设的华强文化科技产业基地和绿博文化产业园的基础上,进一步建设集创意、研究、生产、销售于一体的国际一流文化科技产业基地,重点培育建设动漫产业基地、文化科技主题公园、文化艺术展示中心等配套建设项目;依托雁鸣湖生态文明示范区、国家农业公园、弘亿国际农业高新产业园、河南省农业高新科技园等项目,打造以旅游观光为主题的生态风景示范区和以瓜果采摘为主题的都市农业示范区。从总体来看,郑州市的文化创意旅游产业虽然已经具有一定规模,但在整体上仍然处于起步阶段,与国内同级领先城市还存在着较大差距。

三、郑州市文化创意旅游产业发展的问题

(一)开发模式相对低端化

郑州旅游资源虽然丰富,但大多处于基础开发阶段,对于资源的进一步深层次挖掘还明显不足,开发模式相对低端,衍生的旅游产品体系已不适应社会发展的要求。生态旅游、休闲度假等旅游模式虽有所发展,但缺乏品牌特色,城市休闲和游憩娱乐产品匮乏,旅游产业竞争力相比京津冀、珠三角、长三角等地区并不明显。旅游关联行业发展相对滞后,与旅游的配合度不够,旅游购物、娱乐等消费不发达,所占份额较低。文化产业、商旅会展、体育节事等优势不突出,带动效应未充分发挥。郑州优势的高新科技、装备制造业、农业、汽车等未形成特色旅游产品和产业优势。此外,在旅游服务方面也不完善,客源满意度、美誉度不高。并且市民好客度也有待提高,旅游窗口行业服务质量不突出,细节服务不足。

(二)创意人才的缺乏

创意人才为发展文化创意旅游产业提供智力支持,是文化创意旅游产业的核心。虽然郑州市现已集聚了一批创意人才队伍,但无论在人才数量还是人才质量上都与国内同级发达城市存在较大差距。郑州市内多所高等院校也不断培养文化创意人才,但对于有创意、能策划、善于文化创意事业经营管理的复合型高层次人才却极度缺乏,加之现阶段郑州市在人才奖励机制、人才引进机制等方面还存在着诸多缺陷,致使与国内其他同级

城市存在差距,严重制约文化创意旅游产业的发展,这也是当前郑州市文化创意旅游产业发展过程中所面临的重大难题。

(三)旅游市场管理机制不完善

现阶段,郑州市旅游市场管理机制并不完善。文化创意旅游产业发展所涉及的各级政府职能部门,缺少专门机构进行产业发展的推动,整合和主导、推动能力不足,制约了相关文化创意旅游资源的开发。各级旅游质量监督队伍,质监人员的执法能力与政策水平还相对较低,缺乏旅游市场相关政府部门参与的旅游联合执法机制,难以保证文化创意旅游产业健康快速地发展。此外,郑州市虽然出台了一系列政策法令推动文化创意旅游产业发展,但缺少对郑州市旅游规划实施情况的跟踪分析,规划实施监测和定期评估制度也极不完善。这是严重制约郑州市文化创意旅游产业发展的因素之一。

四、郑州市文化创意旅游产业的发展任务

郑州市文化创意旅游产业的发展不能盲目照搬其他城市成功的文化创意旅游项目,要结合城市的实际条件,根据自身所具备的旅游资源特点,将文化创意产业根植其中,并不断创新发展。

(一)深化对文化旅游遗产资源的创意开发

大力发展郑州市文化创意旅游产业,其核心是要深化对文化旅游遗产资源的创意开发。通过大力开发参与性旅游项目,以体验式的文化创意旅游形式满足游客的文化需求,会给旅游产业带来更大的商机。因此,要逐步改善文化旅游遗产资源亲近感不强,挖掘深度和形式创新不够,游客的体验感不够充分完整的弊端。在保护文化遗产的前提下,加强对自然风光、历史遗迹、工业遗产等文化旅游遗产资源的创造与加工,从文化创意的视角,重点对黄河文化、黄帝文化、商都文化、嵩山文化的外围文化氛围,旅游环节中的食、宿、行、游、购、娱等旅游服务产品进行开发创造。借助科技手段将旅游遗产的文化内涵以动态的、感性的方式传递给游客。根据不同游客的多层次文化需要,结合不同类别的文化旅游遗产特点,有针对性的深化改造相关旅游服务设施。

此外,可以通过访问交流、承接外包业务等形式,积极借鉴发达国家在文化旅游遗产资源的创意开发方面的技术经验,积累必要的资金、技术和人才,逐渐提升自身的创意开发能力。

(二)推动文化创意旅游产业集聚发展

建设文化创意旅游产业集聚区,引导产业集群化发展,有利于形成产业的规模效应,推动产业整体竞争力的提升。结合郑州市文化创意旅游资源,努力打造特色鲜明的文化创意旅游产业集聚区,基本形成了黄帝故里景区、嵩山少林功夫、黄河风景区、城隍庙商都遗址、伏羲山主题沟谷等旅游集聚景区,这些景区各具特点,从而有效地推动文化创意旅游产业的发展,但产业集聚效应并不显著。因此,在推动文化创意旅游产业集聚发展方面,郑州市应依托历史文化、传统文化和现代文化,集合已有的产业优势、区域优势和

地理优势,按照"文化为魂、创意为王、产业为体"的理念,统筹规划设计,通过政策引导,实现不同区域间的合作。以不同区域的代表性文化旅游资源为依托,以精品旅游景区和基地建设为重点,加大现有文化创意旅游产业集聚区的建设整合力度,形成一批优势的文化创意旅游品牌,增强产业集聚和辐射功能,以此来提高郑州文化创意旅游产业的竞争力。

(三)打造文化创意旅游品牌

旅游产品是旅游产业价值链中的核心要素。开发优质的文化创意旅游产品,可以塑造郑州良好的文化创意旅游品牌形象。旅游资源开发、旅游项目建设必须严格遵循先规划设计,后开发建设的基本原则,形成多层次、多系列的主题鲜明的文化创意旅游产品,满足旅游消费者多元化的消费需求。通过科学构建旅游产品开发空间布局,结合郑州城市实际情况,重点开发"两带八区"旅游资源和旅游产品,即黄河文化景观带、南水北调生态景观带和嵩山文化旅游区、黄帝文化旅游区、伏羲山旅游区、雁鸣湖生态旅游区、康百万庄园—北宋皇陵旅游区、新密古城文化旅游区、中心城区都市观光旅游区、郑州新区。重点围绕精品旅游项目建设,以大项目带动,鼓励社会资金向重大项目和重点片区集中,重点打造国家级、世界级旅游精品项目,加快把嵩山、黄帝故里、黄河风景名胜区等打造成世界知名的旅游精品,成为提升郑州旅游整体水平的核心景区。

在日益激烈的旅游市场竞争中,扩大客源的首要目标就是必须满足旅客的消费要求。提供优质差异化的旅游服务以满足旅游消费者个性化的消费需求,这也是打造文化创意旅游品牌的关键所在。在旅游产品的消费中,要为旅客提供贴心的、人性化的服务,使其产生强烈的满足感,从而建立起顾客的忠诚度,使郑州文化创意旅游品牌口口相传,起到极大的宣传效应,进而提升了郑州文化创意旅游产业的吸引力和竞争力。

(四)延伸文化创意旅游产业链条

延伸文化创意旅游产业链条,要跨越产业边界联动发展,主要在深度、广度上拓展文化创意旅游产业链条。在纵向上,要充分与产业链上中下游的各个环节渗透与融合,形成文化创意旅游消费带动产业链升级的良性互动。文化创意旅游产业的发展要将旅游的功能向产业链上游的研发和下游的品牌销售渠道延伸,根据文化创意旅游的消费需求引导旅游产品的设计和功能优化,用旅游消费者偏好进行品牌定位、培育旅游消费群体,围绕游客的潜在消费需求构建新型文化创意旅游产业链。在横向上,要与文化创意旅游相关各产业部门进行直接和广泛的融合发展,由单一的小文化创意旅游产业链向大文化创意旅游产业链转型,以产业链的整体价值为目标,通过产业链条的各个环节的有机联动,实现文化创意旅游产业与各相关产业的无缝链接,进而以文化创意旅游产品服务及其链条效应直接优化工业和农业的产业结构,提升产业的整体效益。

(五)加强"旅游+创意"人才的培养和引进

一般而言,文化创意旅游产品的消费者具有较高的艺术鉴赏水平和审美要求,在产业的发展过程中就要求相关的从业人员具备较高的文化水平、文明素养和专业素质,尤其需要既懂文化创意又懂旅游的高级复合型专业人才。因此，相较于郑州文化创意旅游产业发展需求的人才缺口，一定要加强文化创意旅游人才队伍建设。建立健全有利于文化创意旅游人才队伍发展壮大的政策和机制，积极引进国内外高层次文化创意旅游专业人才。加强文化创意旅游智库建设和旅游理论研究，对具有较强指导作用的科研成果给予奖励。充分利用旅游教育资源，整合多种学科，与市内高等院校合作办学联合培养，开展高质量的行业教育培训，打造高素质的旅游策划、管理和服务队伍。重点培养"旅游+创意"复合型人才，并制订有利于复合型人才引进的政策与计划，培养文化创意旅游产业的骨干精英，解决制约郑州文化创意旅游发展的人才瓶颈问题。

（六）加大投入力度和政策支持

由于郑州文化创意旅游产业尚处于起步阶段，需要进一步加大扶持力度和政策支持力度，创造发展旅游业的良好政策环境。加大财政支持力度，在5 000万元人民币的旅游发展专项资金的基础上，根据发展需要，适时适度保持增长，推动产业发展。进一步拓宽文化创意产业发展融资渠道，探索采取BT、BOT、BO等方式，广泛吸引外资和社会资金参与开发建设和旅游企业经营。积极扶持和培育条件成熟的旅游企业通过上市融资，提高市场竞争力。充分利用中小企业担保机构为中小旅游企业发展提供融资信用担保。金融机构对符合市场准入条件和信贷原则的旅游企业和旅游项目，加大融资授信支持力度，对有资源优势和市场潜力但暂时经营困难的旅游企业，积极给予信贷支持。积极推进文化创意旅游企业做大做强，鼓励企业通过资本运营等方式，积极引进战略投资者，整合全市旅游资源，组建跨地区、跨部门、跨行业、跨所有制的企业集团，实现网络化规模经营。充分发挥企业在市场经济中主导地位和创新地位，让其支撑整个文化创意旅游产业的发展。

19

郑州市文化消费引导文化产业提升发展研究

吉林大学　马洁华

一、以文化消费引导文化产业提升发展的意义

随着文化产业已经上升为国家的战略性产业,扩大文化消费带动相关产业发展成为重要任务,对于城市转型发展的郑州而言,文化消费引导产业提升发展的意义重大。

1. 成为郑州文化产业提升发展的原动力

文化消费作为人们对精神文化产品和精神文化服务的消费行为,其在本质上为文化产业的提升提供了发展的原动力。当今人类文明的进程已进入"消费主导型"社会,对文化的"消费主导"的解读包括文化消费是文化产业生产的目的和动力,文化消费为文化产业生产创造出新的高素质的劳动力,有利于文化产业的转型升级,从而最大程度上发挥文化消费对文化生产的引导作用。因而,郑州文化产业的提升发展最根本的还是要从扩大郑州的文化消费需求出发,以消费促生产。对本地市民而言,引导参与休闲娱乐、图书阅读、健身运动,观看文艺表演以及参观艺术场馆等,有利于刺激相关文化产业的发展,加快引导文化旅游消费,发展旅游业作为郑州文化产业发展的催化剂的功能,进一步吸引外来游客来郑州消费,可以利用旅游产业链条带动相关产业的消费,以扩大相关产业的发展。

2. 进一步推动郑州文化产业结构转型

文化产业结构转型问题是当前郑州市突破经济发展瓶颈的关键性问题,文化产业的发展则直接关系文化产业结构转型的具体进程。通过对郑州市文化消费与文化产业发展的相关性解读,可以得出文化消费对文化产业的引导性是在文化产业结构实现转型的进程中实现的。目前郑州市产业结构转型难,在郑州经济实验区得到国家批复的情况下,充分利用郑州文化资源的比较优势,培育新的消费增长点,改善文化消费结构,提升文化消费能力,改善传统文化产业,发展新兴文化产业,充分运用文化消费对文化产业的推动作用,引导新兴文化产业的发展,推动郑州文化产业结构向合理存续的方向发展,以文化消费引导郑州文化产业结构的转型。

二、郑州文化消费主要内容及产业引导现状

1. 旅游业是文化消费的重点

旅游产业是郑州文化消费的重要领域,全市共有旅行社210家,星级酒店51个,A级旅游景区27个,4A级以上景区8个,旅游资源丰富,旅游产业配套设施完善。而旅游活

动作为一种追求享受的文化消费活动,其消费需求直接反映了文化旅游产业的预期发展,因而促进文化旅游产业发展的关键就在于扩大旅游消费需求。数据显示,2015年郑州市共接待国内游客6 975.8万人次,同比增长13.3%;实现国内旅游收入791亿元,同比增长14.6%;接待入境过夜游客23.5万人次,同比增长3.9%;外汇收入1.65亿美元,同比增长4.4%;实现旅游总收入800.99亿元,同比增长14.41%。通过分析可知,入境过夜游客的增比远低于国内游客的增比,因而郑州文化旅游产业今后的发展方向应在进一步扩大国内游客旅游消费的同时,努力吸引入境过夜游客,扩大郑州文化旅游产业的影响力。

2. 影视动漫的消费能力持续增强

影视动漫的消费能力持续增强,最根本的原因在于郑州居民收入的不断提高,而从客观上说,首先要归功于影视动漫产业的蓬勃发展为影视动漫的消费提供了丰富的影视动漫产品和服务,像《梨园春》《武林风》等一批优秀品牌文化栏目在电视荧幕上大放异彩,《幸福的白天鹅》《念书的孩子》等本土电影在国际舞台上的异军突起,以小樱桃动漫公司为代表创作的动漫文化产品以及动漫衍生品俘获市场。其次,传统媒介和新兴媒体为影视动漫文化的消费提供了生长的土壤,电视、电影作为影视动漫文化消费的传统媒介在今后的消费行为中仍占据着主体性的地位,成为特定家庭文化氛围的形成载体,而新兴媒体作为传统媒介的有效补充,在今后的文化消费活动中有着举足轻重的地位,以寄存于网络媒介的微电影产业为例,郑州微电影涌现出一批专业的制作团队,制作了《就要爱》等一批讲述郑州正能量的优秀作品,其适应了现代社会快节奏的文化消费需求,为郑州影视动漫消费能力的提高创造了新的增长平台。最后,大众对动漫产业认可度的提高为动漫产业创造了新的消费增长点,动漫产业作为新兴产业,其社会影响力的扩大需要一定的时间,伴随着郑州各动漫产业基地的建成以及以小樱桃动漫公司为代表的动漫品牌核心的形成,在政府扶持和市场机制的双重作用下,大众对动漫的消费能力有着持续增强的趋势。

3. 文化休闲的消费水平逐年递增

由于受教育程度对居民文化消费有着逐级传递的影响,伴随着郑州居民教育支出的增长,郑州的文化休闲消费水平近年来也呈现逐年递增的趋势,主要体现在两个方面:一方面,"娱乐型"的日常文化消费不再仅仅局限于精神需求的满足,为健康而消费正逐渐成为郑州居民新的消费理念,这里所说的健康不仅指健康的体魄,而且指身心的舒适,因而旅游、健身等各种寓教于乐的消费活动日益成为居民的消费选择;另一方面,高科技成果的文化产品普遍走入居民的文化生活中,电视、电脑、手机以及摄像机等电子产品不断更新换代,丰富着居民的文化消费生活,提高了郑州居民的文化休闲消费水平。

4. 文化艺术消费能力稳步提升

郑州居民的文化艺术消费能力的提升首先在于基本的物质需求满足之后,对"美"的追求,对艺术的尊重。郑州文化艺术消费能力的稳步提升既是郑州文化艺术历史不断积淀的必然结果,包括郑州"古塔记忆"的矗立,豫剧、曲剧、越剧作为郑州的地方戏剧在新的媒体平台上再现辉煌等;新的文化艺术载体,华夏文化艺术博物馆、中原文化博物馆等的相继投入建设,为郑州文化艺术消费提供了更加专业的消费选择;而郑州文化艺术网的上线,既整合了郑州的文化艺术资源,也为郑州的文化艺术走进社区提供了发展的契机。

三、郑州市文化消费现状及存在问题

1. 文化消费意识不足,消费推动文化产业发展动力不足

郑州市居民文化消费项目仅局限于休闲娱乐活动和教育培训两个方面,其中主要集中于对教育的投入,而绝大部分居民每月用于文化产品和服务的支出费用接近于零,这说明郑州市居民的整体文化消费意识不足,受旧观念影响,大部分居民的文化消费意识仍停留在较低水平,一定时期内甚至出现过文化消费萎缩的情况,正确合理的文化消费意识未能有效地引导消费,在一定程度上制约了全市文化产业的发展,使得文化消费在推动文化产业发展的过程中尤显动力不足。

2. 文化消费能力总体偏低,消费引导文化产业发展的创新力度不够

伴随郑州社会经济的不断发展,居民收入水平有了大幅度提高,但居民文化消费能力总体偏低仍是制约郑州文化产业发展瓶颈之一。文化消费的总量和结构受贫富差距、社会保障机制以及教育经费过高等因素的影响,使得郑州文化消费处于低水平不可持续的发展轨迹上,发展型文化消费热点难以培育,享受型文化消费积淀不足,这都大大制约了文化消费引导下的文化产业创新力的增强。

3. 文化消费手段单调,消费带动产业发展的广度不够

调查显示,郑州城市居民文化消费手段中所占比重较大的是看电视、读报纸、上网,只有不到20%的居民选择到影院看电影、参加展览会等,文化消费手段单调,尤其是对相对高层次的文化消费活动的参与意识淡薄,文化消费依旧停留在通俗或者雅俗共赏的层次,相应文化消费所能带动的文化产业也就局限于影视、旅游等领域,郑州市文化消费带动文化产业发展的广度显然不足,这种不足可以归咎于郑州市根深蒂固的传统文化底蕴,居民的消费手段和消费意识显然不足以支撑文化产业广度的扩张。

4. 文化消费规模整体偏小,消费推动文化产业结构升级的能力欠缺

郑州市文化消费规模整体偏小主要体现在郑州市居民单位时间内用于文化产品或文化活动的支出费用上。范周主编的《中国城市文化消费报告》指出,郑州市居民每月用于文化产品或活动的支出费用区间为0~300元,其中以0~100元之间的人数居多,其次为支出在101~300元之间的人数,超过300元以上支出的人数较少,而在众多受访者中,选择每月用于文化产品或活动消费的支出接近于零元的人数最多,占调查人数的半数以上。而在郑州市居民参与文化活动、消费文化产品的主要因素中,自身以及孩子的受教育因素成为影响郑州市居民文化消费活动的最大的影响因子,是郑州居民文化消费的主要内容,而与塑造形象、社交、娱乐以及时尚等方面有关的文化消费活动很少,这样的文化消费结构不利于文化产业结构的优化和升级,文化消费推动文化产业结构升级的推动力不足。

5. 文化消费设施布局不合理,难以支撑文化产业均衡发展

城市的文化消费设施直接影响和制约着城市居民的文化消费,郑州市也不例外,郑州市文化消费设施的不完善已成为制约郑州居民文化消费和文化活动的关键因素,而现

阶段城市形象标志不明确、社区基础设施不完善以及文化消费设施空间分布不均等问题突出,这直接影响着居民文化消费的意愿及其满意度,在文化消费设施建设上,存在结构失衡,设施陈旧,供求矛盾突出等问题,一些高端文化消费设施仅能满足部分群体的需求,一些文化设施由于不是群众所需求的,长期难以发挥应有作用,都不利于推动文化产业的发展。

四、文化消费引导产业发展的重点领域

1. 深入开发特色文化旅游产业

要充分发挥郑州市文化资源优势,深度开发物质文化遗产、非物质文化遗产相关的旅游产业,所谓的深度开发并非过度开发,既要适度有序地开发文化资源的物质载体,又要大力发扬文化资源所折射出来的底蕴丰厚的文化。具体而言要重点开发嵩山文化旅游、黄帝故里游、黄河精品游等。同时,开发郑州所积淀的优秀的民俗文化,例如民间手工艺品、特色的节日庆典、民间舞蹈、土特产等民俗文化资源,做好民俗文化旅游产业的规划、开发以及评估。此外,注重戏曲资源的开发,光辉灿烂的戏曲文化是历史悠久的郑州文化的产物,对戏曲文化资源的开发要使郑州民间艺术文化遗产得以传承,也要满足市民对戏曲文化的消费需求。

2. 扶持影视动漫产业转型升级

郑州的影视文化产业在充分利用本土文化资源优势的基础上,走出了一条郑州化特色的原创品牌发展道路,培育了《梨园春》《武林风》等优势品牌文化栏目,在电影电视领域的发展均取得了产量和质量的双丰收。处于瞬息万变的影视文化产业发展的市场背景下,郑州在今后的发展道路上需要进一步发挥本土人才以及文化资源优势,充分利用政府的引导与支持,通过建设影视产业总部基地发挥产业的聚集优势,走郑州电影的本土化和特色化道路。另一方面,郑州的影视产业需要走国际化道路,"国际化"道路是"走出去"和"引进来"的复合体,在"走出去"的过程中,郑州一批优秀的本土影视作品像《念书的孩子》等斩获了国际电影节大奖,向世界展示了大量的郑州元素,"引进来"国际先进的拍摄手法和制作技术来武装郑州的影视文化产业。近年来郑州动漫文化产业得到迅速发展,消费人群广泛、消费市场前景广阔,但是动漫产品的播放与影响力仍然不足,因此要加大公共技术服务平台的支持力度,对动漫文化产业的扶持要立足于动漫产业体系的不断完善,根据动漫文化消费不断发展变化的现实,探寻郑州动漫文化产业未来的发展前景和方向。

3. 打造中部文化休闲娱乐产业之都

目前休闲娱乐产业成为主导性文化产业,也是文化消费比重和文化效益最高的行业,成为推动文化产业发展的关键领域。为此,要积极规划休闲娱乐业的发展,以致力于建设中部休闲娱乐文化之都为目标,加快发展休闲娱乐产业,稳固文化产业的阶段性战略基点。目前,郑州主题公园及游乐设施展览会暨休闲娱乐产业博览会的成功举办,体现休闲娱乐产业市场巨大的发展前景,要建设高标准的主题公园、景区(景点)游乐场所,建设一批集休闲娱乐、文化体验、人文生态社区发展等功能于一体的休闲娱乐项目。通过挖掘、传承、创新郑州特色文化资源和娱乐元素,引入现代文化产业发展模式,充分整

合郑州武术、黄帝文化、演艺节目、民俗艺术等资源,加快广播影视、演艺娱乐、新闻出版、动漫游戏、文化创意等重点文化产业综合发展,通过高科技植入和文化活化增强郑州市的体验感和时尚感,创新打造文化娱乐之都。

4. 提升文化创意产业的整体水平

文化创意产业作为创意产业的核心,是以创作、创造、创新为根本手段,以文化内容的创意成果为核心价值,以知识产权实现或消费为交易特征,为社会公众提供文化体验的具有内在联系的企业集合。未来要结合郑州地域文化特点和资源优势,创新发展理念,重点谋划动漫业、演艺娱乐业、数字出版业、广播影视业、文化旅游业等文化创意产业发展,推动国家动漫产业发展基地(河南基地)、登封嵩山文化产业园区、郑州华强文化科技产业基地、新郑黄帝故里文化产业园区、石佛艺术公社文化产业园区等创意产业的发展,致力于文化创意产业的提升首先要加快创意人才的培养,为郑州创意产业的壮大提供强大的人力支持。通过文化创意产业的发展壮大,满足人们的多元文化消费需求,同时又能够通过消费引导文化创意产业的提升发展。

5. 大力培育具有国际影响力的文化艺术精品

文化艺术精品具有极强的思想性、艺术性和观赏性,能够提升人们的消费水平,带动文化产业的发展,进一步发挥消费引导能力,需要培育一批较高水平的文艺品牌,打造具有国际影响力的文化艺术精品,立足于文化历史遗产的深度发掘,扩大文化艺术精品的影响力和影响半径,将打造高质量的文化艺术精品与扩大文化传播紧密联系起来。紧紧围绕文化消费市场需求,推出一批精品舞台剧,打造文艺精品展示基地,培育创作团队,增强艺术精品原创性或独创性,在传承经典的基础上,通过对某些文化艺术精品的打造来填补特定艺术领域的空白,激发群众文艺消费热情,推动文艺精品走出去,提升国际影响力。

五、文化消费引导文化产业发展的具体对策

1. 树立正确合理的文化消费观念

科学的文化消费观念对于文化产业引导能力突出,关系到引导文化产业的结构及预期发展方向。因此,要形成健康向上的文化消费观念,以实现自我全面发展为核心,以提高文化水平为手段,以适应社会发展水平为标准,以提高生活品质为目的,做到适度消费,不奢侈消费;理性消费,不炫耀消费;绿色消费,不浪费消费。从文化消费需求的实际出发,树立正确合理的文化消费观念,为文化消费推动郑州文化产业发展打下坚实的基础。

2. 加强对文化消费的政策引导

文化消费作为一种社会化的消费活动,对其引导需要以健全的政策体系为支撑,无论是对于文化消费主体的消费能力的提高,还是关乎文化消费对象素质的提升,都需要政府在政策导向上正确定位,要以增加居民收入水平作为提高文化消费能力的前提,提升居民的文化消费意识,积极加大对文化产业的扶持和补贴力度,确保文化消费对象的生产和供给。通过税收等相关政策将部分文化消费活动中的外部成本转嫁给文化消费主体,促使文化消费主体以更加理性的方式使文化消费活动的收益最大化,以稳定文化

消费市场秩序,健全文化消费市场体系。为进一步引导居民进行健康合理的文化消费,促进郑州文化产业科学发展,积极印制郑州文化消费地图,通过多种形式免费向广大市民发放,为居民的文化消费需求提供充分的信息支持。

3. 培育新的文化消费热点

要适应当前城乡居民消费结构的新变化和审美的新需求,创新文化产品和服务,提高文化消费意识,培育新的消费热点。随着居民收入水平的不断增加,对于精神文化产品和服务的需求也提高到了新的层次,消费热情在一定时间跨度内亟须满足,因此要对城市文化消费增长空间进行科学评估,充分发掘文化消费潜能,找到培育新文化消费热点的方向,以保障文化产业的可持续性发展。而新的文化消费热点应追求一种品质型文化消费,提高文化消费点的文化含量,以郑州旅游产业开发模式为例,要将文化历史游、民俗游、地方戏曲游以及美食游等特色消费点培育起来,积极架构"走出去"的发展战略,将独特深厚的中原文化展现给世界,弘扬郑州的地方特色,从而培育新的文化消费热点。

4. 优化居民的文化消费结构

针对郑州文化消费结构失衡分散的现状,对消费结构的优化应从结构的形式和内容两方面出发着手优化。从结构的形式出发,把发展型文化消费作为现阶段文化消费结构中的主要消费形式,不断扩大其影响,以整体素质提高来带动郑州文化产业的发展,对于享受型文化消费,则需要在提倡理性文化消费的基础上合理控制,从文化消费主体的现实情况出发加以引导。从结构的内容出发,充分利用新技术时代各种新媒体、新技术所蕴含的巨大消费潜力,不断扩展文化消费结构的内容,丰富文化消费结构的形式。要以文化产业结构的完善为物质基础,优化居民文化消费结构,大力发展旅游、影视动漫以及创意文化等有益身心健康的文化产业,对休闲娱乐的定位应秉持着绿色、健康的合理消费理念,不断优化文化市场的消费环境,同时,缩小城乡文化消费结构的差异,通过文化惠民、文化下乡等举措,实现城乡文化供给的均等化,普遍提高基层群众的文化消费力。

5. 加大文化基础设施的建设投入力度

文化基础设施是文化消费的载体,也是文化产业发展的平台,要以建设国家公共服务体系示范区为抓手,不断创新文化设施投入建设机制,积极争取中央对我市基础设施建设的投入力度,同时努力增加市级财政投入的比例,并通过财政资金的引导、示范、贷款贴息等方式,吸引社会资金投入到文化设施建设中。推进基层公共文化设施共建共享,整合基层宣传文化、党员教育、科学普及、体育健身等设施,建设综合性文化服务中心,推动公共图书馆、博物馆、文化馆等继续免费开放并深化内部改革,推进科技馆免费开放。加强商业性文化设施建设,推动休闲娱乐、工艺美术、古玩销售、创意文化等产业设施建设,建立以多厅多功能为发展目标的城市电影院,建设展现地域文化的主题公园,建设一批特色文化街区,通过文化设施建设,形成涵盖学习、休闲、娱乐、体验、购物于一体的公共文化消费服务体系,提高居民文化消费的参与程度。

20

郑州特色文化城市建设对策研究

宋艳琴

近日,河南省委、省政府印发了《华夏历史文明传承创新区建设方案》(以下简称《方案》)。《方案》提出"十三五"时期五大主要任务:实施全球华人根亲文化圣地建设工程、实施中国文化遗产保护传承示范基地建设工程、实施全国重要的文化产业基地建设工程、实施现代文化创新发展新高地建设工程、实施中华文化"走出去"重要基地建设工程等。《方案》中提到很多需要复建的东西,包括华夏历史文明传承创新主题园、民俗博物馆等,这些当然是必须的,民族文化需要多种形式的现代表达,实物还原是一种重要的表达方式。但是,我们在注重古老历史的恢复上这么大手笔,同样,在破坏现代历史上也是大手笔,我们建了一堆假古董,也毁了很多真古董,这在全国是普遍现象!这事实上涉及一个最核心的问题就是城市发展的理念问题。有什么样的城市发展理念,就会有一个相应的城市规划和发展方式,就会产生一个什么样的城市面貌。我们今天的"千城一面"就是缺乏城市发展核心理念造成的。

郑州,作为一个新中国成立后发展起来的新兴城市,主城区几乎没有什么古建筑。郑州的城市建设历史很短,但就这短短的历史我们也并不珍惜,很多优秀建筑近些年都被拆掉了!郑州是河南的经济、政治和文化中心,是创造、见证和承载河南地区历史的主要城市。司马光曾感叹:"若问古今兴废事,请君只看洛阳城。"可以说,一个城市发展的历史就是一个民族发展的历史;民族发展的历史通过城市发展来见证,最直观的是通过城市中不同历史时期的建筑物来见证。我们总是讨论要保存城市的记忆,可城市的记忆是什么?总归应该是人的记忆吧。可是,现在看看,在一个城市,50 年的建筑还有多少?甚至 30 年的建筑还有多少?有人说:"我们有 5000 年历史,却没有 50 年的建筑。"

在这个虽是古都但事实上是靠火车拉来的新兴城市里,超过 50 年的建筑本就不多,这些不多的建筑中具有历史意义和审美价值以及承载了公众记忆的建筑更是少之又少;但是,保护这些建筑依然艰难。如郑州几大国棉厂内曾遍布具有明显苏联特征的建筑,但多数遭到拆除,现在唯一留下的是建于 1954 年的国棉三厂的部分"苏式风格建筑群",尽管这些建筑已于 2008 年列入市级文物保护单位,2011 年又被列入郑州市优秀近现代建筑名录,但依然"难逃毒手";2012 年 2 月 18 日,郑州国棉三厂苏式建筑群中的主办公楼两侧偏楼被拆除,在各方的努力下,厂区大门和主办公楼得以保留。"谁指使拆除的?拆除文物后受到什么惩罚?"无人知晓……令人扼腕的还有东方红影院,这座建于 1949 年的影剧院于 2011 年被拆除,承载了郑州几代人记忆的最早的"娱乐场所"灰飞烟灭了。此外,还有备受争议的郑州商代城墙,现在郑州在修"仿古城墙",但是,长期以来,真正的商代城墙却没有得到很好的保护,商城路和紫荆山路在修路时将其撕开几十米的大口子,周围单位在城建时甚至用铲车挖城墙的黄土,城墙周围的住户还未搬迁,商城遗址的保护依然任重道远。可以说,这里是郑州的古都之根,是郑州之所以被称为古都的历史见证。

城市和人一样,每一个城市都有它本来的面目和特色,正如千人千面,现在由于过度追求国际化大都市,导致我国城市千城一面,失去了自己的特色。尤其是在改造中过度商业化,整体拆除,推倒重来的方式,使得一些特色历史街区完全消失,越是黄金地段越是毁得彻底,一些城市的老城完全变了样,如同一个过度整形的人,面目全非。就像我国著名的建筑学家梁思成一直渴望能找到一座唐代的木结构的建筑实物,如同他在敦煌壁画中看到的那样,多年遍寻无果;他知道千年之前的木建筑如若存在,那也应该是在一处荒凉的地方,因为历史上各代并没有鉴赏保护前人建筑的习惯,重修古建,一定是按照今人的审美趣味加以改造,从来不明白前人遗留下的建筑实物也如同前人的金石书画一样珍贵。所以梁先生感慨:"自清末以后突来西式建筑之风,不但古物寿命更无保障,连整个城市,都受打击了。"因此,我们可以想象到当年梁思成和林徽因在山西五台山发现了唐代佛光寺时的激动和震撼。1937年6月,梁思成夫妇第四次来到山西,经榆次、太原、忻县,然后深入五台山地区,在五台、豆村、台怀仔细考察,终于发现了中国现存最古老的木结构建筑。在《中国建筑史》的第五章第二节介绍了五台山的佛光寺大殿,称:"唐代木构之得保存至今,而年代确实可考者,惟山西五台山佛光寺大殿一处而已。寺于唐代为五台大刹之一,见于敦煌壁画五台山图,榜曰'大佛光之寺'。其位置在南台之外为后世朝山者所罕至,烟火冷落,寺极贫寒,因而得幸免重建之厄……除殿本身为唐代木构外,殿内尚有唐塑菩萨像数十尊。梁下有唐代题名墨迹,拱眼壁有唐代壁画。此四有一已称绝,而四艺集于一殿,诚我国第一国宝也。"《中国建筑史》的封面上印着梁先生的一段话:"中国建筑既是延续了两千余年的一种工程技术,本身已造成一个艺术系统,许多建筑物便是我们文化的表现,艺术的大宗遗产。"梁先生夫妇发现的这一国宝如今已成为五台山旅游的必到之地,香火鼎盛;可是当年正是因为其"烟火冷落,寺极贫寒,因而得幸免重建之厄"。又有多少古建筑有佛光寺这样的幸运呢?

华夏历史文明传承创新区的建设,给郑州文化城市建设带来了良好的发展机遇,因此,要抓住这一历史机遇,切实珍视和保护古今各个时代的文化资源,建设特色文化城市。

1. 珍视历史文化资源,切实保护历史文化遗产

来到一个城市参观,都会选择若干"地方"或"景点",有的是必看的,有的是可看可不看的。那些必看的地方,就是这个城市独有的或特色的,在别的城市看不到的;一座城市之所以令人向往,能吸引人光顾,也许正是这一个或几个"地方"。也正是每个城市都有这样一些"地方",构成这个城市文化的要素和因子,一代代遗传下来;一座城市各个时期的文化遗存像一卷卷档案,记录着一个城市的沧桑岁月,留下了这个城市经历过的不同时代的印记。每个时代的印记,包括古代遗址、传统建筑、历史街区,以及民间艺术和市井生活构成这个城市的生活史或生命史,或辉煌,或没落,从而构成一个城市完整的生命历史。

河南地处中原文化的中心区域,历史上多个朝代都曾建都于此,历史文化遗存十分丰富,有国家级文物保护单位357处,全国第二;省级文物保护单位总数954处,是全国省级文物保护单位数量最多的省份。其中郑州拥有国家级文物保护单位72处,全省第一;洛阳有国家级文物保护单位42处,全省第二。这两个城市还分别拥有世界文化遗产嵩山"天地之中"历史建筑群和龙门石窟。如何保护和开发这些世界级、国家级和省级文化遗产,如何建设好华夏历史文明传承创新区,如何在城市文化建设中传承这些优秀的历史文化,成为特色文化城市建设需要回答的问题。这些国保单位,多数是遗址类,对普通民众吸引力不大;但在城市规划者心目中,应该时刻装着这些文化遗产,它们不应仅仅只是一个遗址,偏居一隅,仅由文物部门按规则来孤立地管理,而是应将其建设为遗址类博物馆或遗址公园,增进与现代人的历史交流。这些历史遗产不仅仅属于某一个城市,它们属于整个中华民族,属于我们的子孙后代,甚至属于整个世界;它们的命运不应只由这个城市的某一个管理者来决定,更不能由开发商来决定。城市要发展,遗产保护与城市发展之间的矛盾要通过合理的城市规划来解决,因此,合理的城市规划应着眼长远,要提前公布,要得到市民的认可。要切实按照世界遗产保护宪章的要求,真正坚持遗产保护"原真性、整体性、可读性、持续性"的原则,切实保护历史遗产,这才是一个文物大省首先应确立的理念,才对得起祖先把这些文物安放在这片土地上的初衷,为子孙后代留下宝贵财富!

2. 提炼核心文化要素,建构城市文化主题

城市文化主题即根据城市所处的地域文化环境和城市自身的文化资源特征,提炼出来的最能代表城市文化特质,可用以统领各项城市文化战略的核心文化要素。一个城市只有确定了文化主题,才能围绕这一主题,组织城市各项战略的实施。国外的几大特色文化城市无不如此,如巴黎,始终将"时尚"作为其城市发展的主题,由此催生了时装、化妆品、珠宝、奢侈品、会展、旅游等一系列文化经济活动领域,世界顶级的时装、珠宝甚至发型设计大师云集巴黎,高端品牌发布会、时装周等活动渗透巴黎的每一个角落,时尚、浪漫、优雅成为巴黎吸引全球的文化魅力,使得明星云集,游客如织。反之,一个城市如果没有明确的文化主题,遍地开花,在哪一个领域都难以形成优势,缺乏资金、缺乏人才就成了显而易见的事了,城市建设陷入内耗状态,大大降低城市发展的效率。因此,要突出城市特色资源,上升到城市文化主题的高度,扩大城市的文化影响力。

从郑州来看,"商文化"应成为郑州当之无愧的城市文化主题。郑州处于"天地之中",位于发达地区和中西部的接合处,交通四通八达,素有"中国铁路心脏"之称,京广线和陇海线两个铁路干线在这里交会,连霍高速和京珠高速也在这里形成十字交叉,加上新郑国际机场,郑州的交通可谓立体枢纽,优越的经济区位和交通优势将催生巨大的物流、人流和资金流;另外,从"商都"的角度来看,"商朝"最早的商部落就是我国从事商品交换最早的部落,因此,生意人被称为"商人",产品被称为"商品"。郑州的"商都"本身就有双重含义,一是历史上的"商国都",二是优越区位形成的商业发达的城市。目前郑州也充分发挥了这一优势,航空港建设、保税区建设以及自贸区建设等,凸显了现代"商都"的魅力。但是,作为八大古都之首,我们的"古商都"建设和文化内涵的发掘和展示也应跟上步伐;要和商丘、安阳等城市联合组织"商文化"论坛,通过影视作品等现代表达来

提升"商都"的知名度。对"亚细亚"商场的历史地位和作用应重新认识和评估,"二七广场""二七纪念塔"和"亚细亚商场"是郑州的重要文化名片,是郑州主要的"文化符号"。对郑州而言,亚细亚商场也代表了郑州的一段辉煌历史,是郑州商战史中的一个经典案例,是这座城市曾经的骄傲。很多老郑州人,隔一段时间还是想去亚细亚再转一圈;而一些外地人到了二七广场,不仅会在二七塔前留影,也会特意拍一下亚细亚。真心希望亚细亚能纳入郑州历史文物保护范围,留住一个时代的记忆。作为双重含义的"商都",我们没有保护好商城遗址;希望不要拆毁掉现代意义上的"商场"。亚细亚即将拆除的消息已有几年了,也有领导认为"黄金地段要有黄金效益",可是,社会效益、人文效益就不考虑吗?市民的情感就不重要吗?一个城市有几个这样的历史见证呢?

在整个20世纪90年代的中国商业史上,"亚细亚"是不可或缺的一页。90年代初,刚刚诞生的"亚细亚",即挑起了一场全国商界瞩目的"郑州商战",引起商界内外人士的好奇与赏识。它是国内首家在中央电视台做广告的商场。一篇《中原之行哪里去——请到郑州'亚细亚'》,使无数从未到过郑州的人,都已见识到了亚细亚商场那清新典雅的营业大厅及秀美热情的迎宾小姐。亚细亚对于零售业服务、管理、营销理念及方法、手段的大胆尝试令人咋舌。在全国商界空缺明显的90年代初期,郑州亚细亚当仁不让地补上了这个位置。全国各地的商业单位及其他团体接踵而来,到亚细亚访问、取经,它的所作所为被媒体称作"亚细亚现象"。

对亚细亚,河南人更有感情。有专家指出,郑州亚细亚商场在中国现代商业发展中的重要历史地位,决定了亚细亚具有珍贵的历史价值。亚细亚商场在郑州市也是地标性建筑之一,没有亚细亚,二七商圈将失去文化符号,郑州商贸城将失去一个形象符号,"二七商圈"将名不符实,"郑州商贸城"将失去光彩,将会给"文化河南"留下永久的遗憾。这样一个代表了中国商业发展史的奇迹,还在讨论"拆不拆"的问题,本身就很讽刺;而更讽刺的是,有人认为拆掉它是因为会获得更好的商业效益!无论如何,亚细亚如今还在,希望它能存在得更久一些吧!

3. 珍视城市发展历史见证,立法保护近现代优秀建筑

在2004年建设部(现更名为住房和城乡建设部)下发的《关于加强对城市优秀近现代建筑规划保护工作的指导意见》中,城市优秀近现代建筑是指从19世纪中期至20世纪50年代建设的,能够反映城市发展历史、具有较高历史文化价值的建筑物和构筑物。城市优秀近现代建筑应当包括反映一定时期城市建设历史与建筑风格、具有较高建筑艺术水平的建筑物和构筑物,以及重要的名人故居和曾经作为城市优秀传统文化载体的建筑物。虽然近现代建筑与我们相距只有百年,建国后的更是仅有数十年,与古建筑历史无法相比,但由于其中西合璧、艺术多元、技术先进、人文共融使它们更具历史感,成了那个时代的代表作;只有留住这些遗产,城市才是一个有年轮的城市,城市才会充满文化记忆。从1840年到1959年,100多年的历史,如何划分年代?多少年以上的建筑应该被保护?目前我国还没有明确立法规定。不同的城市有不同的标准。由于近年来发展迅速,各地每年拆掉的建筑数不胜数,包括很多近现代优秀的建筑物。尽管也引起了大家的关注,但由于不属于文物,不在保护范围,只能遗憾地被拆掉了。郑州市人民政府于2011年3月公布了郑州市第一批城乡优秀近现代建筑保护规划,即中心城区保护名录,32处

近现代优秀建筑以及桥梁、雕塑等被列为保护对象,其目的就是要留住城市的记忆。这些近现代建筑,都是特定历史时期的建筑物,本身就"埋藏"着很多的故事,这些故事已经成为郑州市民乃至全省人民心中的记忆,郑州市领导提到"我们有责任和义务,保护好这些优秀近现代建筑,为城市留下记忆"。但是,由于仅仅是一个保护名录,没有出台具体的保护措施,使得一些已列入保护名录的建筑屡屡被毁;如我们前面提到的国棉三厂苏式建筑群,虽经媒体多次报道,依然照拆不误,勉强留下一个主办公楼和大门,主办公楼左边目前还是一片废墟,后面则是鳞次栉比的高层建筑,没有丝毫纺织厂的痕迹。郑州作为新中国成立后的一座重要的纺织城,目前除了留下一条棉纺路之外,已没有任何纺织城的气象。此外,备受关注的还有郑州菜市街上的南乾元街75号院,媒体用"郑州南乾元街75号院拆除中双重保护身份难改命运"来关注这个特殊的院子,这个同样是列入市保护名录的近代建筑,却一拆再拆,理由就是小楼虽然在建筑方面具有一定特色,但没被评定为文物保护单位,而且由于小楼正好处于重点项目规划的中心区域,只能将其拆迁,异地重建;文物部门的负责人称项目施工方目前已经向区文物局写了承诺书,将采用有资质的单位对小楼拆建进行设计,在原日本驻郑州领事馆附近,按照原来的风貌重建,"原址有价值的构件,我们都会保留"。我们想知道的是,既然没有价值,又何必异地重建?既然有价值,为何一定要拆?纳入保护名录的百年建筑尚且难保,那些未在保护名录的民间建筑就更是岌岌可危,几百年的建筑一夜间就被拆了;如郑州须水镇郑上路路南孙庄约160年的"父子双翰林、一门三进士"的孙钦昂故居,新郑市薛店镇的花庄村,保存的10多座清末或民国时期的古宅也在拆除中,这些均是引起媒体关注的古建筑,是村民保护了几百年的祖宅,就这么拆掉了!类似的还有新密市吕楼村的几栋老宅,本来也在拆除范围,经村民和有关专家的呼吁,暂时保住了。这些老村落和老房子几乎都有一个共同的特点,就是居于其中的后人都认为他们的祖上是明代从山西迁徙而来时修建的,祖辈几代人都居住在此,因此都有特殊的感情!让人不解的是,200年的一个盘子、一个花瓶是古董,是"鉴宝"栏目压轴的宝贝,价值连城;为什么200年的古建筑却一文不值、想拆就拆呢?细想想,即使是开发,无论是新农村建设还是现代商圈的改造,一座百年的老宅只会为这个地方增色,是无价的古董,为什么却要被强行拆除?本来最应该"懂建筑"的开发商为什么总是成为老建筑的刽子手?试想一下,如果在一个现代化的小区中、一个新潮的商圈中、成片别墅的新农村中,有一座这样的百年老宅,该是让人多么惊喜的事!喧嚣中的宁静,真实历史的触摸,该是多么感人的事情!这难道不比那些不伦不类的雕塑强一万倍吗?我们的老建筑,在百年战火中已经毁得够多了!"文革"中打砸的够多了!这些年政府也已经拆的够多了!现在应该是醒悟的时候了,保护尚且不及,政府又何必打着发展的幌子让利于开发商呢?若干年后,就像我们谴责"文革""破四旧"的打砸行为一样,后人也会遗憾我们今天的这种强拆政策!因此,如何保护这些"非历史文物"可能是我国目前在拆除大潮中迫切需要立法解决的问题了。

4. 评选城市建筑代表作,保护当代优秀建筑物

总的来看,历史文化遗产的保护在我国相对已经深入人心,也有立法保护;而现当代优秀的建筑物因为没有列入文物保护序列,因此,可以说它们根本没有丝毫的安全感,只要房地产商出价够高,它们随时可以"合法地"被拆除,只能在商业利益面前不断牺牲了。

当代的建筑尤其是改革开放以来的建筑,历史短,多数是摩天大楼,有些在今天看来甚至没有什么特色,但是它可能有特殊的意义,也应当纳入保护名录;如深圳的国贸大厦,在今天看来,已属平常,但它是"中国改革开放的象征",是第一座由中国人自己设计、施工和实施物业管理的综合性多功能超高层建筑,是中国建成最早的综合性超高层楼宇,素有"中华第一高楼"的美称,是深圳接待国内外游客的重要景点,党和国家领导人以及国际政要多次访问国贸。我们相信,在各个城市,都有类似国贸大厦这样的历史性建筑,这些当代设计优秀的建筑物,至少代表了那个时代的建筑水平、审美标准的地标性建筑物当之无愧应列入城市文化遗产保护范围,为子孙后代留下我们这个时代的历史遗迹。

在郑州,除了亚细亚商场,还有哪些值得关注的当代优秀建筑,能不能提前将它们纳入文化遗产?如广州市规划局在2010年1月颁布了广州市第一批近现代建筑保护名录,有不少是改革开放后的建筑,如白天鹅宾馆、天河体育场(曾获得1988年的中国建筑工程鲁班奖)等,这些建筑无疑是20世纪80年代广州的优秀建筑,也是我国同时代的优秀建筑,它们当之无愧是时代的杰作。2016年6—10月份河南省也组织评选了"河南当代最美建筑",此次参评的候选建筑都是建国以后的建筑;其中郑州二七纪念塔、郑东新区CBD核心建筑群、河南博物院、中国文字博物馆、开封清明上河园建筑群等一座座特色鲜明的建筑被评为"河南当代最美建筑"。这不仅是对现当代优秀建筑的尊重和致敬,同时也是一种保护!因此,对城市建筑应不分年代,由建筑、文化等方面的专家在全面调查、摸底、筛选、归类的基础上,根据其价值进行立法保护,尽量扩大建筑名录的保护范围,多留遗产,少留遗憾!城市要发展,首先应时刻坚守一个理念:珍视自己的城市发展史,保护好城市发展中创造的代表作,不要随便毁掉自己的历史。

5.培育文化创意产业,建设创意城市

文化产业对一个城市相当重要,可以说是城市的灵魂。它可以影响城市的名誉,反映城市的活力,彰显城市的历史。同时,文化产业在当今又是对创意蛋糕的瓜分。一座城市,你再有历史、再有山水、再有风情、再有市井,但是你不能策划出好的创意来推广,那这些文化终究是死的东西,不能够发展成为产业,所以必须利用和发挥好媒体的渠道作用。

文化是土壤,创意是种子,产业是果实。郑州拥有丰富的历史文化资源,但是文化产业发展速度、质量、水平和效益均远远落后于文化资源比较薄弱的深圳,也落后于某些中部城市。究其原因是我们面对丰富的文化资源时却缺乏高超的策划创意人才。可以说,地方特色文化资源是文化创意的重要源泉,而特色文化资源只有通过人才这个纽带才能发展为文化创意产业;如北京798艺术区和上海的M50艺术区,就是国内地方文化资源和创意人才结合的典范。二者外部的景观设计都突出了地方特色,包含了地方元素(如两者的建筑风格、雕塑、植被的选择等都展示了城市地方文化的差异);而以地方文化素材为创作源泉的艺术作品则更为常见,如798的不少作品都引入了京剧、胡同、皇城等北京元素,M50的不少作品则反映了艺术家们对石库门、水乡、外滩和陆家嘴等上海元素的品味和解读。郑州有许多独特的文化元素,如少林文化、黄帝文化、商城文化、嵩山文化等都亟须与创意融合发展。

21

建设郑州休闲旅游型"美丽乡村"

河南财政税务高等专科学校　鲁艳蕊

郑州地处中华腹地,九州之中,北临黄河,西依嵩山,东、南接黄淮海平原。全市总面积7 446.2平方千米,市区面积1 010.3平方千米,建成区面积303平方千米,现辖6区5市1县:金水区、二七区、中原区、管城区、惠济区、上街区、郑东新区、巩义市、登封市、荥阳市、新密市、新郑市、中牟县。2010年全市总人口787万。郑州市是典型的平原城市,气候温暖湿润,植被茂盛,生物种类繁多,素有"绿城"之称。

郑州作为河南省省会,是河南经济、政治和文化中心,其经济始终保持着良好的发展势头,国民经济持续快速发展,综合实力显著增强。经济的平稳较快发展,是郑州市乡村旅游业发展的坚实基础,由此可见,郑州良好的自然经济条件适合于发展乡村旅游。同时,郑州还是全国公布的第一批历史文化名城之一,有着3600年的历史,全市现在各类文物古迹1 400多处,其中26处为国家级文物保护单位,最著名的有:商城遗址、裴李岗文化遗址、大河村文化遗址等,另外,登封的少林寺为"天下第一名刹",还有我国最早的周公测景台和元代的观星台,我国宋代四大书院之一的嵩阳书院和我国最大的道教建筑群中岳庙就坐落在嵩山脚下。这些都为郑州市发展休闲旅游型"美丽乡村"提供了良好的旅游资源基础。

一、郑州市休闲旅游型"美丽乡村"建设理念

1. 以生态环境保护为核心

生态优先原则不仅仅是美丽村庄建设的要求和内涵,更是休闲观光型村庄建设和发展的核心竞争力。在村庄和旅游产品设施规划、建设的过程中要以生态学理论为依据,秉承尊重和正视自然的理念去处理发展中遇到的问题。生态资源包括原始自然保留地、森林、湖泊及大的植被斑块等。生态环境保护优先不是指以生态制约发展,而是强调规划建设过程中对自然环境的认识、保护、利用和模拟。生态资源和维持自然生态过程及功能是合理开发利用自然资源的前提,是可持续发展的基础。

休闲观光型村庄的开发建设应以规划促进保护,通过高科技的农业生产技术的应用、生态保护型的循环产业设计、现代化的组织运营模式等为城市提供生态、亲近、休闲的乡村空间,实现经济效益、生态效益、社会效益的共赢。

2. 构建休闲观光特色元素

特色是休闲观光产业发展的灵魂,休闲观光型村庄在美丽乡村建设中一定要注重塑造自身特色,构建村庄精神之美。首先是在村庄建设过程中要协调原有风貌,对建筑细

部设计加以规范设计,保证新旧建筑之间视觉过渡上的和谐性。其次在休闲观光产品建设时,要因地制宜,充分发挥本地自然资源优势,努力展现富有特色的景观。避免千篇一律的规划模式带来的景观品质的降低。

3. 以多元化促进产业发展

在规划中要突破以"特色农业基地—旅游景点—旅游线路"两核一线的建设思路。休闲观光型村庄不仅仅是要把客源吸引过来,更要把客源留住,以客源辐射能力为带动,建设以客源服务为中心的新型休闲观光产业。在规划建设中,要为商业、交通运输业、农产品加工、销售、休闲养老等产业留存发展空间。同时,要考虑周边村庄发展建设,通过规划引导,形成多核互动机制,吸引更多的客源,从而提升更大范围的影响力。

二、郑州市休闲旅游型"美丽乡村"建设重点

1. 旅游景观建设

(1)农业景观建设。农业景观是休闲观光产业发展的重要载体之一,在建设中应根据休闲观光产业发展的要求和农业发展类型,充分考虑气候、土壤等自然条件特性,展现林木、农作物和动物等生物资源相互交融的自然景观之美。基于郑州的资源条件,农业景观建设主要包括种植业景观建设和渔业景观建设。种植景观建设主要是基于休闲观光产业的特性,依据地形地貌和气候条件着重发展花卉、果树和蔬菜等观赏性与活动参与性较强的种植品种。充分利用水源、光照、温度等资源,因时因地合理搭配种植,保证种植景观在时间上和空间上的交替性与连续性。种植景观建设同时要注意农业生产、生态系统运行的规律,提高资源综合开发利用效率,保证农业产品达到高产质优的目标。深化农产品加工产业,促进农产品增值。以现代高效的农业发展水平保障生态系统与自然面貌的稳定协调,夯实农业景观建设基础。

水景是富有意境和亲近感的空间构成要素,充分利用水域资源和渔业资源建设渔业景观是农村休闲观光产业发展的重要组成部分。郑州水域资源丰富,渔业发展优势明显,应在大力发展渔业生产的同时,注重打造渔业旅游空间。通过经营活动场所的建设,引导人们融入渔村生活,体验渔业发展特色。充分利用独有的自然景致、水生动植物资源打造渔业景观。同时开展与乡风乡俗、历史文化相结合的民俗活动,提高游客的参与度。在渔业生产中要注重名、特、优、新品的种植和养殖,同时结合实际情况发展特色养殖。如特色水稻养殖,将稻、蟹混种混养,在提高生产效益的同时增强观赏性。

(2)地貌景观建设。地貌景观建设应以自然本底为基础合理开发。对于特别突出、少见的地貌景观,如奇峰峭壁:在离景物一定距离的地方规划出道路和观赏点,并挂牌宣传,禁止游人攀登。明显地貌景观可部分开发,另一部分保留,等待技术等各方面时机成熟后或留到以后开发。对全面开发的地貌景观,不仅供游人观赏,而且可以亲临其境做一些体验,如亲水区域的建设。注意创造安全的游览条件。自然景观还有天象景观、气象景观,如海市蜃楼、佛光塔影、日出日落等,根据景观出现的时间、地点、特点,选好观赏的视点、视距、视角,以引导游人欣赏。

(3)人文景观建设。在规划设计时要选择健康向上和具有审美情趣的人文景观,使游人在愉悦身心的同时,感受庄严、崇高、自豪感。对于村庄中的人文景观,如果有现存

的实体,可整理后直接开放。如果是遗址、遗迹,修复和不修复的决策问题取决于能否更好地发挥人文景观的作用,如名人、著名历史事件或革命遗址等修复效果好,而类似圆明园遗址的以不修复为好。适当修复一些古刹、庙宇、寺观是可以的,但必须在经济和技术许可的条件下进行,必须保持原来景观的风貌。

(4)建筑小品建设。建筑小品是景观建设中的辅助设施,但也是必不可少的部分,良好的建筑小品可以起到画龙点睛的作用。建筑小品的建设应注意与其他景观的协调性、实用性。如大门的设计可以依据本地的人文特色、山水景观等选择牌坊式、门墙式或自然式,同时应注意标识的清晰、明确。

2. 服务设施建设

休闲观光型村庄应向游人提供完善、优质的服务,因此服务设施的建设要受到重视。服务设施一般是根据村庄旅游的性质及游人的需求确定的。一日游的,应设置停车场、餐厅、茶室、小卖店、电话亭、厕所等,一般不安排住宿设施;度假式的,除安排上述基本设施外,还应安排野营区及适量的旅馆、饭店。观光农业的主要服务对象是城市大众短途旅游者,应坚持高、中、低档相结合,以中低档为主的原则,尽量满足各个层次游客的需求。注意建筑风格与总体环境的协调,力求具有地方特色,不宜布置层次高、体积大、密度大的现代建筑群。可建立一些仿农舍式的乡村别墅,外部用原始的农具作装饰,内部基本的生活设施齐全,外粗内雅。建筑可采用大分散、小集中的方式安排连排式、组团式、庭院式、独立式房屋。由于观光农业旅游具有很强的季节性,因此应多发展一些临时性的住处,以野营、活动住房或民宿为主,既调节了"旺季旅馆不足,淡季游人不足"而造成的浪费,又能突出农村生活的特点。

3. 基础设施建设

基础设施建设包括道路系统建设、给排水设施建设、供电规划建设、通信设施建设,各分项规划应按规范实施建设。相对于其他村庄建设,休闲观光型村庄具有观赏游览性、人员集聚性的特点,其道路系统和停车场的建设应特别重视。这些道路系统规划除考虑其容量、流量、活动内容和道路功能外,还应注意以下几方面。一是道路的选线应建立在景观分析的基础上,通过景观、功能分析,判定村庄中较好的景点、景区以及最佳的观赏方式和观赏角度,从而为观光游览路线的确定提供依据。二是分析游人的游览规律,组织游览顺序,设计各级大、小环状道路,在各景区、景点应选最短的距离形成由起景、展开、高潮、结尾组成的动态游览序列布局。三是注意道路上景观感受的多样化。形成景中—景外,开敞—封闭的景观对比,避免长时间无变化的景观对游人心理造成的疲劳感。特别注意游览线在农田间不能过长,可加大作物品种间的差别,突出变化。四是注意交通分行,应设立汽车道、自行车道、骑马小道以及游步道。各条道路均应呈环状,避免走回头路。各级道路间应相互联系,尽可能使不同的游人各得其所,互不干扰。

三、郑州市休闲旅游型"美丽乡村"发展重点

构建以休闲观光为核心的产业发展模式。生态休闲观光农业作为一种新型的农村生产经营形态,具有市场适应性、功能多样性和发展可持续性强的特点。是农业提高收益率,参与第三产业、带动第二产业、进而促进第一产业发展的有效途径,对农村经济全面

发展具有重要的现实意义。

通过发展生态休闲观光产业,强化农村生活设施与服务设施、生态环境与旅游景观、农业发展与旅游消费、农民培训与旅游就业之间的融合,优化农业产业结构,带动农村第三产业的发展,增加就业岗位,有效转移农村剩余劳动力,全面提高农民生活水平和生活质量,全面改进农村基础设施,从而促进美丽乡村建设。构建以休闲观光为核心的产业发展模式主要从以下几个方面进行。

1. 品牌塑造

旅游产业发展的核心竞争力是其具有的品牌影响力,树立良好的区域品牌形象有助于形成轰动效应和持续效应。品牌塑造可以通过 CI(corporate identity,企业形象策划)策划实施,包含 MI(理念基础)、BI(行为准则)、VI(视觉形象)三部分组成。MI 是通过对观光农业区的理念分析,形成对旅游产品清晰而准确的认识,并可进一步由此建立用以表达和传播休闲观光形象的主题和宣传口号。BI 是理念基础在人员行为上的具体反映,如规划观光农业区的员工培训、员工管理、职工待遇分配等内部活动,以及市场调查、产品推广、公共关系、促销活动、沟通活动及公益文化活动等外部活动。VI 是旅游设计中的重要一环。观光农业区的视觉形象应有别于企业视觉形象设计,其设计应当体现在游客直接消费的旅游景观上,如旅游区徽标、象征图形、吉祥物、户外旅游招牌、建筑物外观等方面。观光农业区的视觉设计应该形成一定的内外感应气氛,应体现出观光农业区的综合感应形象,一种明确而又迎合公众心理要求的形象。

2. 产品开发

产品是产业发展的主体,郑州的休闲观光型乡村应依托郑州优厚的自然地理条件,发展多种休闲旅游产品。包括:①观光采摘游。充分依靠村庄中的果品、蔬菜、茶叶等种植资源优势以及优美、丰富的自然田园风光,发展观光采摘游览项目。让城镇游客获得放松的趣味性体验。②休闲度假游。依托山林、温泉、水域等自然资源,结合园区里的休闲疗养场所,配置适当的休闲设施、设备。建设滨水游憩区,满足都市人亲近自然、感受自然的渴望。以慢生活方式为特征服务于城市中的白领阶层、外企员工、时尚青年。③水产品尝鲜游。依托郑州淡水资源丰富、水产品种类繁多的特点,以美食节为品牌,开展水产品尝鲜游。形成"尖岗水库"为主核的水产品发展体系,"美食—垂钓"为主体的休闲旅游产品内容,扩大地区吸引力。

3. 休闲观光产业延伸发展

实现休闲观光型村庄的可持续发展,就要充分利用其以旅游带来的人流、物流、信息流、资金流等,促进村庄服务业的升级发展及农业向二、三产业延伸。冲破以农游观光为核心的服务业群组,如餐饮、小商品零售等,引导服务业部分向高层次转型,提高服务业产品价值。一是向商务行业延伸,近期可适当利用观光区中办公区承接小型会议,远期建设办公区外的会议度假区,承办专家学者、企事业单位各种大中小型会议。二是向以"慢城"为代表的慢生活产业发展,打造集休闲观光、人文交流、健康养生为一体的综合产业项目。三是促进农业从农业生产、农业观光向农产品加工、农业科技展示教育提升,提高农业发展的含金量。

休闲旅游农业是一个新兴的产业,在发展中必须加以引导和扶持。一是强化政策扶持。在加大政府投入力度的同时,创新优惠政策和扶持机制,创造发展空间,吸引社会资本以参股、独资、合作等多种形式参与休闲观光农业区建设。逐步形成多元化的投入机制。二是坚持规划先行。发展生态休闲观光农业必须坚持"以农为本"的理念,以农业为基础、农村为特色,把农业产业发展、扶持农民增收放在首位,坚持因地制宜研究特色、挖掘特色、突出特色,重视区域定位、功能定位、形态定位,与传统旅游行业、旅游景点联网联线,相得益彰。三是创新运作机制。建立健全有利于休闲观光农业自主发展、壮大机制,把休闲观光农业建设成为美丽乡村建设中最活跃的经济"单元"。四是强化服务管理。规范公共卫生、环境卫生、饮食卫生、服务标准,重视休闲观光农业管理和经营人才的培训,提高休闲观光产业从业人员的专业素质和服务水平。

四、郑州市休闲旅游型"美丽乡村"建设存在的不足

1. 村庄特色不够突出

当前郑州休闲观光产业发展同质化现象严重,地方特色缺失,并且在休闲观光旅游开发过程中普遍存在简单的圈地经营特征。在旅游景点、旅游项目、旅游产品开发等方面创新不足,特色缺失使其难以提升知名度。有的村庄因资金有限和辨识度不够,宣传力度不够,游客较少,收益与前期投入收益不成正比,造成恶性循环,不利于旅游业的长远发展。

2. 旅游服务设施不到位

一些村庄的旅游设施规划建设滞后,商业服务、文化娱乐服务设施缺乏或是建设水平较低,难以激发游客的兴趣。同时,餐饮住宿的环境和质量、服务从业人员的素质水平、公共厕所的清洁保持等都是普遍存在的问题。使得游客的满意度有所下降。

3. 周边地区与景区风貌不协调

多数休闲观光型村庄把建设重点放在旅游区,而对包括村民居住区在内的外围地区的建设实施力度较小。导致旅游区外围地区的设施较为落后,住宅建筑风格不一,一些堆砌物和破败房屋散乱分布,使得村庄整体格调下降,与旅游区形成鲜明对比。容易使进出旅游区的游客产生不良的观感和心理印象,不利于村庄品牌形象的提升。

4. 组织管理机制不完善

一些村庄的组织管理机制不完善,也影响了美丽乡村建设成果。部分村民在经营农家乐时只考虑个人利益,想尽办法扩大自家农家乐的规模,出现了乱搭乱建的情况。莲花村在管理上控制力度不够,影响了村庄环境,阻碍了旅游规划建设。

五、郑州市休闲旅游型"美丽乡村"建设模式优化

1. 突出地方性特色

地方特色是休闲观光型美丽乡村发展的核心竞争力。只有通过对地方特色的挖掘、提炼,强化个性特征,塑造鲜明的旅游形象,才能提升其品牌影响力和吸引力。这种地方特性主要通过旅游景点、旅游产品、旅游服务来传递。

2. 合理确定旅游服务设施规模

村庄旅游服务设施的类型和规模要依据游客需求确定,农业旅游的类型和设施规模

与城市并不相同,一方面要满足客的游览需求,另一方面应尽量保持乡村的特色风貌和文化风俗。例如住宿设施方面不应该过分追求星级酒店,而应以富有特色的乡村旅店为主。

3. 协调旅游景点建设和美丽村庄建设同步发展

应将旅游景点建设和美丽村庄建设在规划上统筹协调、统一规划。强调建筑风貌和公共服务设施规划、配置的系统性、统一性,在全面改善村庄人居环境的同时,提高村庄对外形象。在旅游发展的同时提升村民生活的幸福感。

4. 健全经营组织管理机制

对分散经营的农户按服务业态进行统一培训、统一管理,确立包括餐饮、住宿等在内的各行业经营建设标准和服务标准,确保村民服务水平达到景区标准。建立统一的旅游纠纷调解机制,提升对外服务形象。

六、郑州市休闲旅游型"美丽乡村"建设结论与展望

美丽乡村建设是我国社会主义新农村建设的延伸和提升。是我国生态文明建设的重要组成部分。其中"美丽"主要包含两层含义:一是村庄具有环境优美、生态良好、设施完备、规划合理的外在之美;二是指村庄具有产业发展、村民富足、社会和谐、文化繁荣的内涵之美。郑州在美丽乡村建设中出现了一些"重外轻内"的现象,带来一系列问题。现有农村建设模式分类研究并不适用于郑州美丽乡村建设模式划分。基于系统理论,从内源、外源要素作用机制出发,可以得到更适用于郑州美丽乡村建设的模式划分方式。根据郑州农村发展内、外源动力系统特征,提出郑州美丽乡村建设模式应采用休闲旅游型模式发展建设,并从休闲旅游型美丽乡村建设发展的内涵、特征、存在的突出问题等,结合案例研究,提出相应优化策略。

农村系统是一个复杂的系统,美丽乡村建设更是一个长期而系统的工程。作者受学识水平和研究资料的限制,本研究只是从农村发展动力系统的角度对郑州市美丽乡村建设模式进行研究。同时对于美丽乡村建设成效的评价,仅是通过走访调研的形式进行评述。对于是否要分模式构建美丽乡村建设评价体系、如何构建此种体系及如何在实践中操作还有待其他专家学者探讨、研究。

农村在建设发展中受到内源、外源要素的作用是复合式的,这些影响作用在美丽乡村建设的各个方面互有交叉。本论文中的模式划分是基于现阶段郑州村庄的发展特征进行的。从时间维度来看,未来随着农村系统作用机制的转变,不同村庄间是否还存在模式的转换还有待时间的见证和进一步的研究。

郑州全市有1 000余个行政村,限于作者的研究周期和调研能力,无法对全市范围的村庄进行深入调研。全面深入地了解郑州市美丽乡村建设的现状和特点难度较大。由于作者研究能力有限,对研究样本的选取不一定是最贴切的,其实践指导意义还有待检验。希望本研究能起到抛砖引玉的作用,吸引更多的学者投入到美丽乡村建设的研究中。

进入新世纪,我国休闲农业的研究也进入了新的高潮,但研究大多还处于单一园区的研究,但对社会主义新农村建设这一时代背景下的休闲农业规划设计涉及较少,再加

上地理位置的特殊性,多学科的跨越性,以及具体实施的困难性等,以致现在新农村建设中休闲农业的规划设计与建设都还处于探索阶段。新农村建设中的休闲农业不同于城市内部的、城郊的、以及纯农村的休闲农业,必须区别对待。虽然现有的一些休闲农业园区的规划设计工作还是做得很成功的,但在具体的维护与管理中仍然出现了不少的问题,因此如何在具体的实践中去完善和改进休闲农业的规划,还有待进一步的深入研究。

22

加快推进郑州市老龄产业发展的思考

一叶秋

老龄产业并不是传统意义上的一个独立的产业部门,它是由老年消费市场需求增长带动而形成的新兴产业,它包括所有有关老年人物质和精神需求以及其他特殊需求的商品生产和服务。近年来,国家高度重视老龄产业的发展,中央就我国人口老龄化的形势和对策举行专题学习,习近平总书记提出:"要着力发展养老服务业和老龄产业,推进养老服务业制度、标准、设施、人才队伍建设,构建居家为基础、社区为依托、机构为补充、医养相结合的养老服务体系,更好满足老年人养老服务需求。"发展养老产业,建立和完善社会养老服务体系,满足老年人不断增长的物质文化生活需要,是关系国计民生和国家长治久安的重大社会问题,有利于缓解人口老龄化压力,减轻政府养老负担,提高老年人生活水平。郑州市老龄化问题较为突出,老龄人口不断增加,家庭养老负担加重,老龄服务业发展缓慢,加快推动老龄产业发展意义重大。

一、郑州市老龄产业发展现状

1. 老龄产业市场巨大

到2014年底,郑州市60周岁以上老人有108万,占人口总数的12%,65周岁以上老人有82万,其中,80周岁以上高龄老人16万,失能半失能老人20余万,孤寡、空巢老人50多万,独生子女家庭老人8.7万多人,失独父母1 000多人,农村五保户1万多人,呈现出老年人口规模大、持续增长、高龄化趋势明显等特点。随着人口老龄化进程的加快,养老不再是个人问题、家庭问题,而是社会问题,在中国延续几千年的家庭养老模式已不能适应社会迅速老龄化的需要,养老社会化已成为大趋势,养老机构也成为老年人特别是失能和半失能老人的必然归宿。社会养老需求增加,养老形势十分严峻。

2. 老龄产业政策不断完善

近年来,国家、省、市出台了一系列法律法规及相关的配套政策支持,逐步建立多层次的养老和医疗保险体系,更加注重对老年人的日常服务,逐步提高对老年人的优待水平,推进宜居环境建设,保障老年人参与公共事务的权利。郑州市自2010年以来,先后出台了《郑州市人民政府关于加快郑州市养老服务业发展的意见》《郑州市人民政府关于加快推进居家养老服务工作的意见》《郑州市老龄事业发展"十二五"规划》《郑州市资助民办养老机构实施办法》《关于加快郑州市养老服务业发展实施意见》等惠老助老政策文件,进一步完善了养老事业发展政策措施,专门出台政策扶持民办养老机构发展,规范了养老机构服务行为,为养老服务业的发展提供了坚强有力的政策支撑。2015年11月11

日召开的国务院常务会议,决定推进医疗卫生与养老服务结合,更好保障老有所医、老有所养。国家和地方养老产业政策密集出台,确定了"以居家为基础、社区为依托、机构为支撑"的养老产业框架,这为全新的养老产业发展提供了巨大的空间。

3. 养老机构不断健全

郑州市加大养老发展投入力度,累计投入资金3.2亿元,扶持养老事业发展。全市已建成社会福利院、敬老院、养老院、老年公寓等各类养老机构共138家,设置床位2.71万张。2008以来,郑州市各区开始实践社区养老模式,发展"银龄之家"(社区托老站、托老互助中心)30多家。银龄之家以方圆5公里为半径,以"走出家门、参与社会、帮助别人、快乐自己"的奉献理念,发挥老年志愿者的积极作用,倡导"人人为我,我为人人"的互助精神,让更多的老年人走出家门,融入社会,通过参加活动展示人生风采,享受快乐晚年。随着群众在家门口养老需求的日益提升,社区养老更加符合老年人对家庭、对社区的共同需求,社区养老成为连接居家养老、机构养老的纽带,这不仅有利于丰富老年人的精神文化生活、提升人们的敬老意识、弘扬中华民族的传统美德,而且能充分激发老年人参与社会活动的积极性,为社会提供丰富的人力和智力资源,对于推动经济社会发展和社区建设具有深远的意义。

4. 老年人养老意愿逐渐多元化

对郑州市60岁以上老年人的抽样调查显示,和子女居住在一起的占58%,和老伴居住在一起的占40%。在拥有的社会养老保险方面,农村居民养老保险8%,城镇居民养老保险13%,城镇企业养老保险61%,城镇事业单位养老保险12%,公务员养老保险6%,老百姓对社会养老保险全国统筹给予了更多的关注。中老年人对养老观念在逐步发生转变,39%的老年人更倾向于由政府提供养老主体服务,比重为61%,对于机构养老更担心其价格过高、服务质量和服务设施跟不上。在调查过程中还发现,有部分养老机构向老年人推荐投资理财等增值服务,并承诺给予一定的返利,年收益率高达10%,这项服务承诺有待市场进一步发展和完善,需要有关部门引起重视,加强资金监管。从中国未来的主要养老趋势发展来看,居家养老(含子女养老)占到总数的60%,家庭养老仍然占据主导地位,但是社区、机构养老比重在提升,老年人选择更加多元化。

三、郑州市老龄产业发展存在的问题

1. 老龄产业发展要素不足

大力扶持民办养老机构的发展是适应老龄人口对"机构养老"模式选择的重要举措。但是民办养老机构普遍反映面临前期投资的资金筹集难和土地供给难等问题。其中资金筹集主要靠社会集资入股方式解决,银行贷款比重偏低。目前养老机构的从业人员工资收入普遍偏低,社会保险不全,也直接影响服务的质量和员工队伍的稳定性。养老服务业还是我国为数不多的存在一线护理人员收取小费的行业。调查发现,一方面目前普遍存在有政府经费支持的公办养老机构需要排队入住和"一床难求"的情况,而另一方面又存在收费偏高、环境较差的民办机构床位空余或季节性闲置的不合理现象。一些老龄特殊产品的技术性开发,老龄人口的消费品营销等活动,也要求较多的前期投入和政策性扶持。因此,老龄服务业的发展在经济资源的投入方面需要通过政策调整与制度创新,采取一些特殊的模式和机制,才能够使其较快地发展起来。

2. 养老资源结构布局不合理

一是城乡养老床位冷热不均。现有的养老机构布局严重不合理,中心城区老年人口偏多,养老机构较少,排队现象严重,公办养老机构更是一床难求;郊区(郊县)老年人口较少,但养老院床位相对宽松,养老机构空床现象较为严重。"全托式"纯养老机构的发展受到一定的限制,"混合式"养老社区项目的建设还处于探索阶段。由于绝大多数的养老都离不开家庭和社区,老社区养老用房紧张,新建小区亟须预留养老服务设施建设用地,社区养老服务设施功能标准有待提高。

二是护理人员紧缺。养老产业面临着管理、医护尤其是护工等人才匮乏的状况。护工的收入、地位都不高,养老院需要控制经营成本,而养老院接收的老人支付能力有限,多重矛盾下造成护工大量流失,使养老机构内部人手缺口越来越大。很多养老院的绝大部分护工并不具备护理专业背景,多数是通过几天培训就上岗了,而医护团队的需求量则更大。

3. 政策落实难度大

国家出台的一系列政策的推行存在层层弱化的现象,从县(市)区到街道办事处再到社区,对于养老事业的重视层层减弱,大部分社区仅仅是为了完成任务而走走形式。最基层的组织才是社会政策的具体执行主体,基层领导的不重视态度对社区养老模式的推广具有很大的障碍性影响。从对管城区航海东路街道办事处调研来看,该办事处一共设立11个社区,而真正开展社区服务的养老方式少之又少,甚至有些社区并不按照政府文件提供养老方式,这在很大程度上影响了辖区内养老模式的构建。在资金支持上,社区提供的服务大部分都来源于财政拨款的政府支持,而来自第三部门或者非营利性组织的自发服务少之又少,家庭养老方式存在大量的不足,但社区所持有的资金也只能够满足社区内的养老方式供给,而且运营经费显然不是特别充分。

4. 老龄产品开发单一

与老龄人口的快速增长相比,老龄产业的发展已明显滞后。目前郑州市老龄产业项目不多,规模化水平不高,产品质量也令人担忧,符合人们要求的综合性老年服务设施大多处于建设阶段,目前仍以分散经营为主,其特点是:服务和产品单一,层次相对较低。老年产品和服务领域主要集中在衣、食、住和医疗卫生等方面,对老年人精神和娱乐方面的关注比较欠缺,并且缺少高科技含量产品,因此难以适应高水平竞争。此外,老龄产业的许多领域还没有得到很好的开发,如老年旅游业与老年保险业等发展缓慢。

5. 老龄产业发展部门统筹协调不足

老龄产业是一个跨行业与部门的特殊的综合性产业,目前在国民经济和社会发展的统计体系中缺乏独立门类的统计途径,政府有关部门对整个老龄产业的固定资产规模、投资水平、资金收益率、从业人员结构等基本情况都不清楚,产业的规划和计划也缺乏基本的统计依据。目前老龄产业的发展工作主要由民政部门来承担,但与民政部门的业务性质和公共服务范围不尽吻合,而老龄办主要是对相关部门的活动发挥协调作用,该机构并没有直接的对老龄产业的管理职能。

三、推进郑州市老龄产业发展的思路与对策

（一）老龄产业发展的思路

一是突出老龄群体的类型差异。产业可持续发展的根本原则在于围绕社会的有效需求来提供产品与服务。老龄人口分多种类型，其需求也有明显差异与重点区别。要注重城乡差异、收入差异、健康差异，等等，为不同类型的老年群体提供多元化的服务和产品。

二是要推行多元化发展模式。通过采取混合产权制度来引导更多的民间资本进入老龄产业，减轻民间资本的投资负担和降低交易成本。采取政府与私人共同投资建设养老机构的共有产权的模式实行股份制经营；采取政府投资建设养老机构后招标私人实行承包、租赁经营的模式。

三是推动老龄社会保障、社会福利、社会慈善事业的有机结合。通过老龄产业的发展，为社会养老保险和医疗保险的实施提供服务平台与载体。以"政府购买服务"模式，对老龄产业的产品与服务提供财政补贴、补助等，为符合政府服务对象的老人提供救助与福利。支持各种社会慈善机构和群众团体以义务性服务、资金设施资助等各种方式支持老龄产业的发展，实现城乡老龄人口福利的全面增进。

四是将老龄产业的服务项目渗透到居家、机构养老服务模式中。养老模式是充分满足老龄人口多种特殊需求的平台，如餐饮供给、电子商务购物、日托护理、上门医疗保健等项目，都可以由社会福利性质的社区养老机构的低价有偿服务来具体实现。政府应当加强城乡社区公共服务体系的建设，利用社区服务平台开展有关居家养老的个性化的有偿服务业务，在不减少社会公益性服务的前提下，最大限度扩大社区有偿服务范围，增加社区服务的就业岗位和促进老龄产业发展。

（二）老龄产业发展的对策

（1）统筹协调落实中长期规划。习总书记提出"要完善党委统一领导、政府依法行政、部门密切配合、群团组织积极参与、上下左右协同联动的老龄工作机制"。要切实推动郑州市养老服务业发展，需要积极建立社会养老服务体系，建设工作领导小组，加强政策协调，研究推进措施。统筹协调民政、发改、人社、卫生、计生、国土、住建、财政、税务、工商、文化、旅游、教育、商务、工信、银行、保险等部门，共同促进老龄产业的发展。设计相关项目布局，安排投资和用地指标等。建议由政府统一规划，多元化投资，建立综合功能的"养老园区"，集养老、保健、康复、医疗、休闲、度假、文化、娱乐、运动、教育、餐饮等为一体，以满足中高收入家庭老人不同年龄段的不同需求。建议由统计局负责，开展老龄产业的典型抽样调查和利用经济普查方式进行统计调查，全面系统地摸清老龄产业的资源家底。

（2）积极制订老龄产业中长期规划。规划是指导和落实具体工作的手段，必须自上而下制订科学的发展规划，并监督督促规划的落实，才能够使得任务落到实处。建议由发改委牵头，安排制订综合性的老龄产业发展规划，明确发展思路、目标、原则、布局、任

务和保障措施。坚持问题导向,直面老龄化问题,未雨绸缪,形成科学应对人口老龄化的措施和办法,提高政策的精准度和有效性。依托规划、政策,突出重点、有的放矢,使得措施具有操作性、能落地,解决当前实际问题,真正实现养老服务业发展与经济发展良性互动,与社会进步协调推进。

(3)鼓励和支持社会力量开发养老产品和服务。在政策上积极支持企业和科研单位开发老龄产品和增加老龄服务项目,如生产老年人专用特色产品(食品、保健品、器械、服装、特殊工具等)、开发个性化的"夕阳红"旅游项目、开发多功能的老年房地产、开发多种老年保险产品和老龄金融产品等。依托机构养老模式,积极开发养老人群跨地区购买、租赁老年公寓居住和长期异地度假消费;支持企业推进老龄产业的专业化、集群化、连锁化发展,建立跨地区、跨行业的各种专业化、集群化和连锁化的老龄产业群体。鼓励企业申报老龄产品专利,支持和发展老龄产品专业销售市场和品牌商店。建议参照儿童医院、妇产医院的模式,在县一级行政区普遍建立公办或民办的老龄专科医院,解决老龄人口就医看病的特殊需求。

(4)制定老龄服务业行业标准。目前缺乏老龄产业的相关行业的标准,造成经营活动不规范,所建立的养老机构、医疗机构等良莠不齐,服务质量难以得到保证,应当尽快制定出地方性的老龄产品和服务的标准。

(5)推进智慧医养护一体化发展。实现跨部门新型关联特色服务,达到医养护一体化成为养老新趋势。要发挥智能养老科技含量高、产业链条长的优势,积极促进互联网、物联网、大数据、云计算等新技术在老龄领域的推广应用,使智能养老成为"互联网+"与养老产业融合发展的集成平台。通过不断改善老年服务设施设备和方法技术,提高服务的舒适性、可及性,使老年人真正享到科技创新带来的便利。

(6)积极解决民办养老机构建设面临的土地供给"瓶颈"。一方面应当充分挖掘城镇国有存量土地,同时将老龄产业的用地纳入供地计划,按照城镇保障房建设的模式,对相关养老产业项目实行划拨、按开发成本价格出让。政府以土地入股参与开发等多种方式,解决养老机构的土地投入资金回收慢的问题;建议放开农村集体建设用地对养老机构建设的使用政策。允许社会公益性的民办养老机构采取长期租用乡村集体的闲置土地,建设较高标准的养老机构;或者开放农村集体土地交易市场,允许农村集体以建设用地、农村家庭以宅基地入股等方式,发展股份制商业性的民办老年公寓。

(7)加强老龄产业发展的专业人才队伍建设。增加对老龄产业发展的人力资本方面的公共财政投入,引导社会增加对老龄产业的人力资本投资和就业岗位。要通过保障老龄服务业从业人员的合理工资水平和社会保险,吸引、稳定和扩大老龄产业的从业人员与专业人才队伍。劳动就业部门要对一线护理人员实行免费职业培训,逐步实现职业技术证书制度。要努力扩大中等职业教育的老龄护理专业的规模;在医学院校普遍建立老年病医疗、保健、康复有关的专业,为老龄产业发展提供中高级专业人才。规范老龄医疗保健和护理的职业操守,普遍提高老龄职业人员的思想、文化、技能和道德素质。

23

郑州市雾霾天气防治法律机制研究

陈　坤

2013年12月9日,一场罕见的长时间和大范围的雾霾笼罩了大半个中国,整个华北、黄淮,甚至江南地区都出现了不同程度的污染,严重影响了人民群众的身体健康和日常生活。在此之后,雾霾被我国越来越多的省市地区纳入自然灾害预警。

一、雾霾下的郑州

曾经,郑州:"绿城";如今,郑州:"雾都"。雾蒙蒙的天气,郑州东区的"大玉米"快看不见了。

2013年郑州优良天数为121天,2014年为161天,2015前6个月仅有38天。2013年和2014年度的空气质量较差榜单中,均有郑州。尤其是2015年以来,连续6个月在全国倒数10名以内,其中连续三个月倒数第二。2015年,郑州全年重度雾霾46天。在全国空气污染排行上,郑州一直位居"前茅",甚至登上榜首。郑州甚至成为首个被约谈的省会城市。

2016年1月26日,河南省十二届人大五次会议记者会,河南环保厅李和平厅长:雾霾影响招商。

2016年郑州民生"十件实事"(治霾、教育、出行、养老、医疗、低保、公共服务、文化等。)中"治理雾霾"是重点。

2016年10月8日,郑州市政府为有效解决冬季采暖季大气污染问题,正式出台《郑州市散煤治理工作方案》,10月底前,郑州市建成区将禁止销售使用散煤。2018年10月底前,全市其他区域也将禁止销售使用散煤。根据方案,郑州市强化落实各级政府主体责任,加大财政支持力度,最大限度降低燃煤污染对大气环境质量造成的影响。

2016年10月29日,郑州市召开"冬防"会议,在加强重污染天气应急应对、控尘、控煤、控工业企业、控车等方面提出了新要求。措施:除扬尘启动"冬防""限土令";降污染重点,"盯守"工业企业;重细节,管车管煤管烟花等。

通过对郑州市2013年、2014年及2015年的空气质量搜集资料和研究分析,得出:郑州空气的首要污染物从一氧化碳、臭氧等其他元素,彻底转化成PM2.5、PM10。郑州雾霾天气成因主要有三点:一是汽车尾气;二是扬尘,房地产建筑产生的扬尘及公路的部分扬尘;三是冬季热力公司排放的污染气体及燃料粉尘。

雾霾的复杂成因决定了问题的解决离不开综合治理的手段,其中,系统而有效的法律应对机制是雾霾防治工作根本的长效保障。

二、对策与机制

下面从法律角度谈一下郑州市雾霾防治的几点建议。

（一）完善空气污染立法

立法理念的构建是完善立法的首要问题，防治空气污染立法也不例外。我国《环境保护法》和《大气污染防治法》在"总则"中都将环境保护与经济社会协调发展作为基本立法目的，这是坚持立法目的"二元论"理念。从这种表述中我们可以看到，环境保护和经济发展，从某种意义上讲这种矛盾是难以调和的，要想成功建设生态文明，实现国家的可持续发展，必须在二者之间寻求一个平衡点，目前这个平衡点难以找到或者找到后难以同时兼顾二者利益。我们从建设生态文明和借鉴其他国家治理雾霾的先进经验中，应该意识到，在环境保护和经济利益这对矛盾发生冲突时，将环境保护放在第一位才是解决矛盾的突破口，也就是说要想避免我国陷入发达国家"先污染、后治理"困境，就必须把环境因素放在经济利益之前，不能因为经济利益而置环境保护于不顾，否则一定会重蹈发达国家覆辙，使环境遭受极大的破坏。随着建设生态文明的提出，我国在修改环境保护法律法规的过程中，要改变目前的立法理念，树立生态利益优先的立法理念，将生态文明和环境保护作为首要立法目的。只有在这种合理的立法理念下，才能为治理雾霾提供更有力的法律保障，从根本上解决大气环境污染问题。

尽管2012年《环境空气质量标准》已经将PM2.5纳入环境空气质量标准体系中，但是我国还没有将其上升到法律层面，执法效率低下，难以成为判定事实的准绳。

课题组建议，郑州作为省会城市，郑州市人大及其常委会可以按照我国立法的规定，根据郑州市环境保护的具体情况和实际需要，针对大气污染制定地方性法规，以加强雾霾防治，对PM2.5的监测、防控、治理等方面进行立法，为有效治理当前日益严重的雾霾提供法制保障。

（二）制订合理的治理规划

雾霾治理规划是控制诱发雾霾污染源的基础。河南省应当结合我省实际情况尽快制定减排时间表和区域空气质量达标时间表，分步骤实施，并制定以经济结构调整和生态环境建设等为主要内容的刚性量化指标等。如，河南省可制订城市空气质量达标中期规划（2016—2020）和长期规划（2016—2030）。郑州市可根据河南省制订的生态指标或规划，结合市辖区（或市）的情况制订雾霾防治规划，细化各项指标；同时，应当做好辖区内区域协作规划，打破区市单打独斗，无法积极应对雾霾天气治理的现实。我们可建立区域协作防控机制，设立常设性的雾霾治理机构和联席会议制度，定期举行联席会议，不定期进行治理雾霾天气监测数据、治理雾霾天气方法等实行资源共享，互通情报、联合治理。

（三）建立完善的监管机制

一是增设"按日计罚"制度，提高处罚力度和额度。现行的处罚额度并不足以遏制大气污染的发生。课题组建议,对实施污染的行为人或企业等单位实行"按日计罚",取消罚款的上限,并对造成严重损失的单位,实行永久性禁止在郑州市辖区内从事与之前相关的行业,使违法成本高于违法所得的收益,遏制污染行为人或企业"重营利轻环保"的观念。

二是实时监控并公开监控信息。对全市空气质量实行 24 小时监测,并在官网、微博、微信等媒体上及时公布当天的 PM2.5 监控结果和次日的预报数据。市民可以直观地看到当前所在地区的空气质量情况和未来发展趋势。课题组建议,郑州市环境保护部门应当对空气质量特别是 PM2.5 状况实行 24 小时监测,并通过网络、手机等渠道让市民了解所在城市空气质量的总体状况。

三是进一步突出重点抓好燃煤污染防治、工业大气污染防治、机动车污染控制、扬尘综合治理、农作物秸秆禁烧及综合利用。重点实施煤炭清洁高效利用和散煤替代,完成燃煤机组超低排放改造、淘汰和改造不符合要求的发电机组、燃煤锅炉。加快淘汰黄标车和老旧车。

(四)建立共同但有区别的责任分担机制

加强不同区域政府环保部门间的协调配合,构建跨区域联防联控机制是治理雾霾的重要举措。郑州市根据不同区域的经济发展水平,建立雾霾治理"共同但有区别的"责任分担机制,即每个区域城市都负有治理雾霾的责任,但不能承担相同的责任和义务,依据"污染重,责任重""受益多,承担多"的原则,进行雾霾的跨区域治理,各地共享雾霾治理经验和成果,共负雾霾治理所带来的社会运作成本。同时,市政府应当加强对跨区域联防联控机制的指导,对重点地区的雾霾治理予以资金、技术上的支持,鼓励经济发达的区市对雾霾治理投入更多的人力、财力,使跨区域联防联控机制切实、可行、有效地发挥其应有的作用。

(五)建立完善的雾霾侵害救济机制

一是引入环境污染责任保险制度。对于环境污染责任承担,国外采取环境责任保险的模式来构建有效的救济机制。代表性的有三种立法模式:

(1)美国环境污染法律责任保险。保险人只对非故意的、突发性的环境污染事件和正常累积的排污行为导致的人身、财产损害承担保险责任。同时,针对有毒物质和废弃物的处理所可能引发的损害赔偿责任实行强制保险制度,即自愿保险和强制保险相结合的方式。

(2)德国环境污染法律责任保险。在德国,环境污染法律责任主要采取强制责任保险与财务保证或担保相结合的制度。《德国环境责任法》规定,存在重大环境责任风险的"设施"所有人应当采取必要的预先保障义务履行的措施,包括与保险公司签订损害赔偿责任保险合同,或由州、联邦政府和金融机构提供财务保证或担保。

(3)英国环境污染法律责任保险。英国主要采取自愿保险为主,强制保险为辅的保险方式,一般由企业自主购买环境责任险,在法律有特别规定的情况下,则对企业实行强制保险制度。

针对2013年以来雾霾天气天数陡增的现实情况,当年中国保监会、环保部联合发布了《关于开展环境污染强制责任保险试点工作的指导意见》(以下简称《指导意见》),该指导意见将环境污染责任保险定位为强制保险。《指导意见》明确了强制投保企业的范围:一是涉重金属污染物产生和排放的企业,应当根据国务院规定购买环境污染责任险;二是根据地方性法规和政府规章的规定,投保环境污染责任保险的企业,应当依据规定购买环境污染责任险;三是鼓励其他高环境风险企业投保环境污染责任险。同时,《指导意见》对环境污染强制责任保险条款、保险费率、环境风险评估、投保程序、环境风险防范、污染事故赔偿机制、环境信息和保险信息公开等都做出了明确的规定。

课题组认为,郑州市建立完善的环境污染责任强制保险既有法律依据,在现实生活中也切实可行。我们可以根据企业性质和排污能力等采取自愿保险为主,强制保险为辅的保险方式,一般由企业自主购买环境责任险,对重污染行业企业实行强制保险制度。它既借助保险"大数法则",降低企业因污染事故所带来的赔付压力,也使"雾霾"受害者得到及时合理的补偿,有效地保护了受害者的合法权益。

二是建立环境公益诉讼制度。对因雾霾给人们身体健康造成的损害,采取传统型诉讼模式无法得以解决,环境公益诉讼制度的推出为此类问题的解决提供了有效途径。根据我国《民事诉讼法》第55条的规定,法律规定的机关和有关组织可以对污染环境、侵害众多消费者合法权益等损害社会公共利益的行为提起诉讼。这就是学界所言的"环境公益诉讼制度"。虽然"法律规定的机关和有关组织"包括哪些,司法实践中到底哪些机关和有关组织可以借助本条提起环境公益诉讼,法律没有明文规定。我们可以进一步探索和借鉴发达国家或地区的做法。对于我国民事诉讼法"法律规定的机关和有关组织"如何界定,我国《环境保护法》第58条将"有关组织"界定为"社会组织",该条将"社会组织"严格界定为两类:一是在设区的市以上政府民政部门登记的组织,二是专门从事环境保护公益活动连续五年以上且无违法记录的组织。同时,要求"社会组织"不得以提起公益诉讼来谋取经济利益。尽管《环境保护法》将环境公益诉讼界定为上述两类社会组织,但课题组认为,提起环境公益诉讼主体资格可进一步放宽,不妨作出如下规定:因污染环境等行为造成社会公共利益的损害,检察机关有权代表受害方向人民法院提起诉讼。检察机关没有提起诉讼的或者对检察机关提起诉讼有异议的,其他社会组织和个人也可以向人民法院提起诉讼。同时,为防止提起诉讼主体为牟取经济利益而与被告方私下达成协议进行和解或者撤诉,应规定提起环境公益诉讼的一方,在诉讼过程中不得和解和撤诉。

案例:全国首例"雾霾公益诉讼案"

2016年7月20日上午,山东省德州市中级人民法院审判庭,媒体记者云集。9时许,该法院对中华环保联合会(All-China Environment Federation,ACEF)是经中华人民共和国国务院批准、民政部注册、环保部主管,由热心环保事业的人士、企业、事业单位自愿结成的、非营利性的、全国性社会组织与德州晶华集团振华有限公司(以下简称振华公司)大气环境污染责任纠纷公益诉讼一案,依法公开做出一审宣判,判决被告振华公司赔偿因超标排放污染物造成的损失2 198.36万元,用于德州市大气环境质量修复,并在省级以上媒体向社会公开赔礼道歉。

由于该案件是我国新环保法面世后首起针对大气污染行为的环境公益诉讼案件,因此备受社会关注。

在完善现有环境保护立法的同时,强化执法监督,对环境保护标准、环境监管体制进行改革,将政府对生态环境质量的责任落到实处,以人为本构建环境保护监管治理体系,为郑州未来可持续发展培育强劲内生动力,还蓝天白云于郑州人民,将绿水青山留给子孙后代。